# Inhaltsverzeichnis

# Vorwort

Lieber Mensch, der dies liest...

Da ein Vorwort zu oft ignoriert wird und ich dieses Risiko nicht eingehen möchte, kommt die Essenz dieses Buches gleich zu Beginn. Hierfür brauchst du deine ganze Aufmerksamkeit. Sie ist deine innere Flamme, die jetzt entfacht werden soll.

Ich bitte dich, dir nicht aus Neugier im Vorfeld einzelne Kapitel herauszupicken, deren Themen dir interessant erscheinen, und auch das moderne Phänomen des Querlesens entwürdigt die Lektüre. Das Prinzip WIR SIND VIELE offenbart eine lichtvolle Magie, die dem Wohle aller dient. Seine Wirkung entfaltet sich ausschließlich im Gesamtwerk. Gönne deinem Monkey Mind also eine Pause und agiere nicht wie ein Journalist, der seinem Interviewpartner ohne Zusammenhang ein Zitat in den Mund legt, um ihn auflaufen zu lassen. Wir sind alle auf Stimulationsbefriedigung konditioniert, und wir brauchen Futter für unsere Sensationsgier. Von diesem Buch hast du allerdings am meisten, wenn du mit dem Herzen liest. Natürlich kannst du dich später gerne zum Nachschlagen den einzelnen Themen nochmals widmen...

Mit diesem Buch reiche ich dir die Hand.
Voller Mitgefühl, denn ich fühle dich.
Womöglich weiß ich nicht mehr als du.
Wahrscheinlich war ich nur an einem gewissen Ort,
von dessen Existenz du etwas spürst.
Über die Schwelle gegangen, erkannte ich mich in dem
unendlichen Licht, das ich bin, nie geboren, nie gestorben.
Von diesem Ort erzählt dieses Buch.
Es begleitet dich auf deinem Weg dorthin.
Und es lässt dich kosten von den Speisen des Paradieses.

Auf dieser Reise verstehst du, auf welche Weise unser freier Wille uns in die Trennung geführt hat und wie sehr wir vom Weg abgekommen sind. Nun geht es wieder zurück nach Hause, ins Einheits-Bewusstsein.

Da dies ein Mutmach-Buch ist, enthält es viele aufrüttelnde Hinweise als Wegbegleitung in dein wahres Selbst. Soviel sei verraten: Du bist viel mächtiger, als du denkst! Das Buch entstand nicht aus meinem persönlichen Wunsch, mich zu profilieren, oder aus einem Sendungswillen heraus. Es ist meine Bestimmung, es zu Papier zu bringen.

Mein Sein dauert bereits Äonen an. Meine Seelenfamilie ist die der Erkenntnis. In diesem Leben als dieser Körper hatte ich nahezu alles vergessen, was ich bin. Meine Seele müsste nichts schreiben, weil es aus ihrer Sicht nichts zu erzählen gäbe. Aber der Mensch, der ich bin, tauchte in das Reich des Irdischen hinab und möchte seinen Beitrag leisten. Deshalb findest du in meiner Geschichte viele persönliche Aspekte. Dadurch spürst du auch, dass ich als Mensch mit dir verbunden bin. Mich treibt genau wie du etwas an – es ist der Wunsch nach einer Neuen Erde voller Anmut und Würde.

In gewisser Hinsicht ist dieses Buch also nicht von mir selbst geschrieben, obwohl die persönlichen Impulse aus meiner eigenen Erfahrung stammen. Man könnte sagen, es ist von meinem Höheren Selbst gesendet worden und ich schreibe es auf eine Weise auf, dass du es besser verstehen kannst. Das schafft die Möglichkeit, unsere persönlichen Erfahrungen mit größeren, zuweilen kosmischen Zusammenhängen zu verknüpfen. Und ich möchte dir Mut machen, weil ich weiß, dass sich jeder, der aufwacht, manchmal alleine fühlt.

Ich möchte dich daran erinnern, dass wir viele sind, und es nun an der Zeit ist, sich zusammenzuschließen, um endlich bis ins Mark zu spüren, *wie* viele wir sind. Die Zeit des Einzelkämpfers ist vorbei. Angebrochen ist die Zeit der Ko-Kreation. Also lass uns die Welle der Veränderung gemeinsam reiten!

Eine weitere Bedeutung des Ausspruchs WIR SIND VIELE liegt in der Gewissheit, dass nahezu jeder einzelne Mensch auf Erden schon viele Leben hier durchlaufen hat. Unzählige Lernerfahrungen wurden gemacht, ob nun aus irdischer Sicht geglückt oder gescheitert, ist nicht von Belang. Tatsache ist aber, dass du nun hier bist, und das wolltest du auch. Da nichts im Universum zufällig geschieht, muss es also einen Sinn haben, dass du hier bist. Solltest du diesen Sinn noch nicht erkennen, so möchte ich dir helfen, dir nun Klarheit darüber zu verschaffen.

Ich möchte sogar die kühne Behauptung wagen, dass die dritte Bedeutung hinter den Worten WIR SIND VIELE eine für viele Menschen neue Dimension unseres Seins enthüllt. Dazu bedarf es eines noch tieferen Verständnisses des Phänomens *Inkarnation*, welches uns unweigerlich in das Thema *parallele Existenzen* führt. Inkarnation bedeutet, dass wir als Seele in einen Körper gehen, und wir sprechen von parallelen Existenzen, wenn die Seelenessenz in mehrere Körper hineinschlüpft.

Keine Sorge, ich werde im weiteren Verlauf des Buches nicht viel näher auf dieses Thema eingehen, denn ich möchte niemanden überfordern. Es sei nur noch darauf hingewiesen, dass losgelöst von der Illusion von Zeit und Raum wir tatsächlich *zeitgleich* und *überall* in vielen Versionen unserer selbst leben. In unserem nächtlichen Traumbewusstsein bekommen wir manchmal einen Geschmack davon, wenn wir uns an Existenzen unsers Seins erinnern, die wir im Tagesbewusstsein bis dahin noch nicht kennengelernt hatten.

Mit meiner Behauptung möchte ich dein Bewusstsein lediglich ein wenig öffnen für diese Möglichkeit – einen Samen setzen, von dem ich nicht weiß, ob und wann er aufgeht. Die aktuelle Zeitqualität und der Bewusstseinsstand der kritischen Masse auf Erden macht das Potenzial eines Quantensprungs der Menschenfamilie nicht nur möglich, sondern er befindet sich bereits in spürbarer Vorbereitung. Die Aufbruchstimmung dieser Zeit ist schwungvoll genug, um viele Menschen mitzunehmen.

Und ich bin überzeugt, dass du dieses Buch in die Hand genommen hast, weil deine innere Stimme es dir ins Ohr geflüstert hat. Du suchst womöglich – wie wir alle – nach Gleichgesinnten und Verbündeten. Vielleicht suchst du ja auch Antworten. Vielleicht kann ich dir tatsächlich ein paar Antworten liefern. Die wichtigste Botschaft, die ich für dich habe, liegt jedoch im Erkennen, dass du alle Antworten in dir selbst findest!

**Aber Achtung:**
Ich bin eine unverbesserliche Weltverbesserin. Aber die bessere Welt will ich noch zu meinen Lebzeiten. Also erwarte nicht von mir, dass ich auf unserer Lesereise die ganze Zeit hindurch mit dir auf Kuschelkurs gehe. Meine Vision besteht zwar darin, mit diesem Buch viele Menschen zu erreichen, doch meine Herausforderung hierbei liegt darin, dass ich nicht vorhabe, die Komfortzone auch nur eines Lesers zu betreuen. Ich warne schon einmal vorsorglich vor einem möglichen „Trigger-Alarm". ☺

Liebe hat ja bekanntlich viele Gesichter. Zu meinem Repertoire gehört nicht nur das offensichtlich liebevolle. Wenn du Wellness-Spiritualität gewöhnt bist, wirst du vielleicht an mancher Stelle möglicherweise etwas erstaunt sein.

Aber ich finde, wir haben nun lange genug das dumme Spiel der Illusionen mitgemacht. Die Zeit des Weglächelns hat ihr Ende gefunden. Die aufgewärmte Quantensuppe schmeckt mir nicht mehr, deswegen lade ich dich nun ein, mit mir an einer riesig großen Tafelrunde ein fulminantes Festmahl einzunehmen.

# 1. Gehe mit Gott

Gott ist es egal, wie wir ihn nennen. Gestatte mir deshalb bitte, diesen Begriff für unser gemeinsames Verständnis nun einfach als „Arbeitstitel" zu verwenden. Wenn du dich dem Gender-Wahnsinn hingeben möchtest, nenne es meinetwegen „Göttin". Aber ich glaube, du hast dieses Buch in die Hand genommen, weil du bereits ahnst, dass es sich bei dem *lieben Gott* nicht um einen Mann handelt, sondern um eine so unermessliche Kraft, dass wir sie mit unserem kleingestutzten Menschenverstand kaum begreifen können. Das Göttliche ist ein Prinzip, welches in jedem von uns wirkt. Es in Menschenform darzustellen, schafft einen leichteren Zugang zu unserem Verständnis.

Gehen wir nun einmal davon aus, dass Gott sich wie ein Architekt des universellen Spiels betätigt hat. Dann können wir sicher sein, dass er den Planeten Erde nicht erschaffen hat, um ihn dann wieder wie einen Fußball in ein schwarzes Loch zu schießen. Es gibt sehr wahrscheinlich eine Art „Sicherungskopie" auf einer anderen Dimension, oder sogar mehrere davon. Also falls du dir irgendwann wieder einmal Sorgen machst um Mama Erde … es sollte dich trösten, dass es mehrere Versionen für verschiedene Bewusstseinsstufen ihrer Bewohner gibt.

Heißt das dann, dass wir das Ding einfach vor die Wand fahren können? Ich glaube nicht! Denn wir haben uns ja als Seelen vorher darum beworben, hier als Musikanten im kosmischen Orchester mitzuspielen.

Ich selbst habe mir natürlich früher oft die Frage gestellt, was meine Aufgabe in diesem Musikantenstadl ist. Man könnte ja auch einfach ein bisschen Spaß haben. Allerdings bin ich immer wieder unsanft mit der Nase darauf gestoßen worden, dass mein Job beinhaltet, jeden, der will, aufzuwecken.

Du kannst dir vielleicht vorstellen, dass dies mitunter ein undankbarer Job ist. Zum einen, weil die meisten gern bei einem süßen Schlafliedchen weiter schlummern möchten und nicht geweckt werden wollen. Zum anderen können die ganz schön sauer werden, wenn sie unsanft geweckt werden müssen, wenn es gar nicht anders geht. Übrigens sind Unfälle, Krankheiten und sonstige Schicksalsschläge drastische Weckrufe, die indirekt von uns selbst, unter dem Einfluss unserer Seele und unseres geistigen Helferteams, inszeniert werden. Wir können sicher sein, dass sie uns immer zur Kurskorrektur auffordern. Ich habe dabei wie gesagt die Aufgabe, Menschen dahingehend zu begleiten, dass es gar nicht erst soweit kommen muss. Leider kommen die meisten erst zu mir, wenn das Kind schon in den Brunnen gefallen ist.

Der Beweggrund dieses Buches ist ein Schmerz und gleichzeitig eine lichtvolle Vision der Neuen Erde. Es tut mir weh, meine Menschenbrüder und -schwestern leiden zu sehen. Noch mehr als das, spüre ich allerdings das Wehklagen von Mama Erde. Beides wäre unerträglich, wenn da nicht gegenwärtig ein tiefes Wissen um die lebenswertere Version der Erde erinnert werden würde. Dieses Wissen ist so eindeutig zuzuordnen, weil wir als Menschheit schon an dem Punkt waren, an dem wir im Einheitsbewusstsein lebten. Die Schöpferseelen, die von Anfang an dabei waren, können sich mehr oder weniger daran erinnern. Die Zeit der Erinnerung ist nun angebrochen und dieser Weckruf verbreitet sich gegenwärtig wie ein Lauffeuer.

Als bewusste Schöpferseele bin ich meiner Verantwortung verpflichtet, mein Wissen über unsere menschliche Existenz auf Erden zu teilen. Vieles, was ich hier in Zusammenhang setze, erfuhr ich von anderen bewussten Erinnerern, die wiederum andere erinnert haben, die wiederum andere erinnerten und immer so weiter und immer so fort.

Es hat gemessen in Erden- oder Lebensjahren lange gedauert, bis ich aus dem Tiefschlaf der gesellschaftlichen Hypnose aufgewacht bin, doch wer einmal über diese Schwelle gegangen ist, dem ist der Weg zurück versperrt. Dieser Mensch wird sich seiner Verantwortung bewusst und kann sich ihr nicht mehr entziehen, denn sich zu entziehen, indem man sich beispielsweise betäubt, damit man vergisst, würde wiederum wehtun – auf die eine oder andere Weise, früher oder später.

Bei uns Menschen geht es im Wesentlichen um eines: das Erwachen. Wenn wir in dem Bewusstseinsstand, in welchem der Großteil der Menschheit grade steckt, weitermachen, kann diese Welt nur untergehen. Mit *dieser* Welt meine ich natürlich die *alte* Welt. Hoffentlich erschrickst du nicht bei dem Gedanken, dass die alte Welt dem Untergang geweiht ist. Man kann diese Tatsache vielleicht leichter akzeptieren, wenn man sich von dem materialistischen Weltbild ein Stück löst. So bezieht sich der besagte Untergang in erster Linie auf die nicht-physischen, destruktiven Strukturen. Man braucht also nicht zu befürchten, dass alle Häuser von heute auf morgen zusammenbrechen.

Gehen wir einmal rein hypothetisch von folgender Situation aus. Spiel einfach mal mit und stell es dir so vor: Viele Seelen von anderen Sternen haben sich hier im *Trainingslager Erde* eingefunden, um beim Aufstieg der Menschheit zu helfen. Sie gleichen Disharmonien aus, was das Zeug hält. Sie bringen Licht und Liebe an die dunkelsten Orte, die es gibt. Sie tun das für die Menschheit und gleichzeitig verbessern sie dadurch ihr eignes Karma, bevor sie wieder nach Hause auf ihren Heimatplaneten fahren.

Wenn du diese Hypothese wirken lässt, fühlst du dich vielleicht als einer dieser Lichtbringer auf Erden und erinnerst dich an deinen ursprünglichen Auftrag.

Vielleicht hilft dir auch die folgende Anekdote:

Es war einmal ein hochgeistiger Mann, der wollte den Unterschied zwischen Himmel und Hölle herausfinden. Er wurde in einen Raum geführt, in dem alle um einen großen Topf mit wohlduftender Speise saßen. Jedoch waren sie mager und unglücklich. Sie hatten nämlich zu lange Löffel, mit denen sie zwar schöpfen, aber die Speise nicht zu ihrem Mund führen konnten. Es war ein schlimmer Anblick. Dann wurde der Mann in den Himmel geführt und staunte, dass dort trotz der gleichen Ausgangssituation alle wohlgenährt und glücklich aussahen. Sie führten ihre langen Löffel jeweils an den Mund des anderen und so war für alle gesorgt.

Kannst du dir vorstellen, wie es wäre, wenn sich ein jeder um alle anderen mehr kümmern würde, als nur um sich selbst? Dann wäre für alle gesorgt. Womöglich denkst du jetzt an das Sprichwort *„Wenn jeder für sich sorgt, ist für alle gesorgt"* oder *„Liebe deinen Nächsten wie dich selbst"*. Diese Umkehrungen sind natürlich genauso wahr. Allerdings liegt im selbstlosen Geben und Schenken eine Heiligkeit, die mit der universellen Liebe gleichschwingt. Das ist die höchste Schwingungsfrequenz, die es gibt.

Aber Achtung: Lass uns verstehen, dass sich zwei Nichtschwimmer nicht vor dem Ertrinken retten können. Mindestens einer von beiden sollte in dem Fall erst einmal das Schwimmen lernen. Das bedeutet, wir sollten unsere ureigenen Talente entdecken und leben. Wir sind nun aufgefordert, alte Wunden und hinderliche Glaubenssätze aufzulösen und letztlich zu erkennen, dass wir Schöpfer auf Erden sind. Diejenigen, in denen das Feuer lodert, diese Welt zu einem besseren Ort zu machen, müssen zuerst sich selbst verändern und sich verwandeln in selbstlos liebende Wesen.

Denn es braucht ein Feuer, zumindest auf eine bestimmte Art, um ein Feuer anzuzünden. Dieses Feuer entzünden wir durch die mutige Entscheidung, welche aus unserem freien Willen geboren wird, etwas zu verändern. Wir haben uns vor langer Zeit als Menschen auf das Experiment des freien Willens eingelassen, um aus der Einheit mit der göttlichen Quelle herauszusteigen, damit wir individuelle Erfahrungen der Trennung machen konnten. Wir wollten in diesem Abenteuer alle Facetten des abgetrennten Selbst erleben. Die große Entwicklung des Experiments sollte dahingehend geschehen, herauszufinden, ob wir Kraft unseres freien Willens wieder zurück in das Einheitsbewusstsein finden. Manch einem ist es bereits gelungen.

Falls du dich vorhin gefragt hast, warum man unbedingt selbstlos lieben soll, lass uns dies noch etwas genauer betrachten. Selbstlosigkeit ist in diesem Zusammenhang gewiss nicht der *erste* Schritt. Für uns Menschen der zivilisierten, also entfremdeten Welt besteht der erste Schritt sicherlich erst einmal im Erkennen unseres Selbst, unseres wahren Wesenskerns. Zuerst erinnern wir uns an unser Schöpferbewusstsein. Und nach diesem Läuterungsprozess sind wir in der Lage, voller Mitgefühl alle Strukturen des Leids zu erkennen und somit zu überwinden. Erst danach verspüren wir einen inneren Ruf, welcher eigentlich unserer Natur entspricht, anderen zu helfen, ihnen gegenüber Mitgefühl zu empfinden, ihnen Gutes zu tun und sie ins Licht zu führen.

Das selbstlose Lieben – manchmal wird es auch bedingungsloses Lieben genannt – geschieht nicht aus dem Egoverstand heraus. Dieser würde danach fragen, was ihm das bringt, oder er würde darauf hoffen, genauso „zurück geliebt" zu werden, und wäre enttäuscht, wenn dem nicht so wäre.

Die selbstlose Liebe ist ein natürlicher Zustand des erwachten Bewusstseins. Sie ist nicht an irgendwen oder auf irgendetwas Besonderes gerichtet, sondern sie *wirkt* einfach. Wir können uns glücklich schätzen, solchen selbstlos liebenden Wesen zu begegnen, und vielleicht gehörst du ja bereits jetzt oder sehr bald schon auch dazu. Also sei die Veränderung, die du in der Welt sehen willst. Warte nicht auf den Retter, den Politiker, den Nachbarn von nebenan, der es für dich erledigt. **Wenn du den Ruf hörst, horche auf, stehe auf und gehe los!**

Selbstlose Liebe ist das machtvollste Instrument, das du ab sofort in die Welt bringen kannst. Übe dich bewusst in Dankbarkeit für alles, was es in deinem Umfeld oder überhaupt auf der Welt gibt. Sei freundlich zu jedem, der dir Gelegenheit dazu bietet. Und wenn jemand nicht freundlich zu dir ist oder war, versuche Mitgefühl für diesen Menschen zu empfinden. Auch wenn er selbst dein Mitgefühl nicht bemerkt, so macht es für dich genauso wie für die Schwingung der Erde einen entscheidenden Unterschied.

Lass mich dich nun mit auf eine Zeitreise nehmen. Das Bewusstsein kann schneller als in Lichtgeschwindigkeit überall hinreisen. Das Geheimnis, das wir dahinter entdecken, ist, dass Zeit nur ein Konzept des linearen Verstandes ist. Merkst du nicht auch, dass unser Zeitempfinden in den letzten Jahren immer rasanter wird? Das Gute dabei ist, dass unsere Entwicklung und auch unser Erkennen gleichermaßen an Fahrt aufnehmen. Ach du liebe Zeit! Das muss wohl etwas mit gewissen Kräften und Schwingungen zu tun haben.

Wir gehen also wie der Wind mal ganz weit in die Vergangenheit und dann kommen wir auch immer wieder zurück in die Gegenwart, um im Hier und Jetzt ein neues Gedankenfeld zu nähren. Aber eigentlich ist alles gleichzeitig.

Übrigens führt das Empfinden über das schnellere Vergehen von Zeit nicht auch zum schnelleren körperlichen Altern. Nach dem Prinzip, dass Götter sowieso nicht altern, stelle ich fest, dass je mehr sich ein Mensch vom Konzept der linearen Zeit löst, sein Alterungsprozess nicht mehr wie gewohnt verläuft.

Gehe also nicht mit der Mode, sondern gehe mit Gott.
Gehe in die zeitlose Zeit und in den raumlosen Raum.

Ein Mystiker lässt das Göttliche ein *Geheim*nis sein.
Also *geh heim* zu Gott.
In dein Herz.

Ein Mystiker löst sich vom Konzept der Sterblichkeit.
Die Geschichte, die sein Leben schreibt, bedeutet seine Unsterblichkeit.

## 2. Die Kunst zu sterben

Wenn überhaupt irgendetwas stirbt, dann ist das unser Avatar, unser Raumanzug, unser Fleischklops ... unser Körper halt. Und überhaupt ... da wir gerade vom Altern sprachen ... meine Oma sang zwar immer das Lied von Udo Jürgens *„Mit sechsundsechzig Jahren, da fängt das Leben an!"* aber witzelte immer auch mal zwischendurch: *„So alt wie ich wird kein Schwein!"* Da war sie schon älter als sechsundsechzig und wurde dann auch zunehmend nachdenklicher.

Als ich meine Großmutter das letzte Mal lebendig in ihrem Körper sah, konnte sie nur noch einen Fuß bewegen – nicht sprechen, nicht essen, einfach gar nichts außer der Fußbewegung. Sämtliche anderen Gliedmaßen waren nach einem Sturz gebrochen. Aber diesen Fuß bewegte sie unaufhörlich, als ich an ihrem Bett stand. Zugegebenermaßen, war die Situation im ersten Moment etwas gruselig. Doch wenn ich nun daran denke, fühlt es sich an wie ein letzter Tanz, ein letztes Aufbäumen ihrer Lebenskraft. Als wollte sie sagen: *„Schau ... selbst wenn es nur ein Fuß ist, ich kann noch tanzen."*

Ja, sie war eine begeisterte Tänzerin, obwohl sie Glasknochen hatte. So nennt man das Phänomen, wenn jemand Osteoporose hat. Diese letzte Begegnung war ihr stiller Tanz für mich. Mir war bewusst, dass ich sie das letzte Mal im Körper sehen würde. So cremte ich ihr trockenes Gesicht ein, weil ich wusste, dass sie das liebte und es nun nicht mehr selber tun konnte. Es war wie die letzte Salbung.

Diese Großmutter wollte schon lange gestorben sein und hatte wahrscheinlich große Angst, über die Schwelle zu gehen. Kurz darauf hatte sie im Alter von fast neunzig den Übergang ins Licht endlich geschafft.

Von ihr habe ich so wundervolle Dinge gelernt wie Singen, Tanzen, Lachen – und auch das Kochen. Weißt du, ich bin eine begeisterte und geniale Köchin. Allerdings hat sie mir auch vor Augen geführt, was es bedeutet, wenn man abhängig ist von anderen Menschen und nicht selbstbestimmt und souverän. In ihrem Leben war es so, und dort im Krankenbett auch. Als ich sie also da so liegen sah, entschied ich mich, mein Leben immer selbst zu gestalten.

Zwar war ich damals mit dreiunddreißig schon einige Jahre freiberuflich selbstständig unterwegs und wusste auch, warum ich diesen Weg eingeschlagen hatte, aber diese Begegnung mit meiner Oma brannte sich auf eine besondere Weise in mein Bewusstsein ein. Die Erkenntnis, unter allen Umständen freie Schöpferin des eigenen Lebens zu sein, hatte enorm viele Facetten, die vielschichtig auf mich einwirkten. Für mich war kurz nach Antritt meiner ersten Anstellung als Übersetzerin und Dolmetscherin bereits klar, dass ich nicht lange als Angestellte arbeiten würde. Ich hielt achtzehn Monate durch, damit ich mein Bafög zurückbezahlen konnte. Seitdem bin ich selbstständig tätig. Jeden Tag in einem Kasten (Auto oder Bahn) zu einem Kasten (Firma) zu fahren, um sich den ganzen Tag vor einen Kasten (PC) zu setzen, fühlte sich für mich wie ein Kasten (Käfig) an. Wer behauptet da, das Kastensystem würde nur in Indien herrschen? ☺

Mir erschließt sich der Gedanke nicht, welcher Sinn darin bestehen kann, eine Arbeit zu tun, deren Ergebnis man nicht sieht, oder noch schlimmer, deren Auswirkung einem sinnlos oder sogar schädlich erscheint. **Man arbeitet für ein System, für eine Dienstleistung, ein Produkt oder einen anderen Menschen, mit dem man sich nicht identifizieren kann, nur um Geld für Konsum zu verdienen, den man nicht wirklich benötigt.**

Ich habe mich entschieden, alles dafür zu tun, mich soweit es geht aus diesem Sklavensystem auszuklinken. Ich hatte nie wieder einen Chef, für den ich arbeiten musste. Ich konnte mir mein Betätigungsfeld selbst erschaffen und es stetig weiterentwickeln. Dafür habe ich weitestgehend auf die meisten weltlichen Annehmlichkeiten verzichtet, aber das war es mir wert. Ich habe mich tatsächlich nie arm gefühlt, sondern meistens reich. Wenn ich etwas kaufen wollte, habe ich das getan. Ich habe das Geld im Prinzip nicht verschwendet für Versicherungen und sonstige unnütze Dinge, sodass ich fast immer genügend übrig hatte.

Freiheit bedeutete mir immer sehr viel. Aber was heißt denn eigentlich echte Freiheit? Heißt es unabhängig zu sein, weil man selbständig oder freiberuflich arbeitet? Es stimmt zwar, dass man sich zumindest von niemandem vorschreiben zu lassen braucht, wie, wie lange, wie viel und für wen man arbeitet, aber dennoch besteht die Abhängigkeit allein schon dadurch, dass man seine eigene Arbeitskraft gegen Geld eintauscht, mit dem man dann seinen Lebensunterhalt bestreitet. Und man arbeitet, wie das Sprichwort schon sagt, unter Umständen dann selbst und ständig.

Von Kapitalisten hört man, dass echte Souveränität nur als Unternehmer umsetzbar ist. Da man als Freiberufler oder Selbstständiger ja nur mit seiner tatsächlichen Arbeitskraft Geld verdient, kann man kein passives Einkommen generieren. Sogenannter Profit wird durch Produkte, die von Angestellten hergestellt werden, erzielt. Durch die Brille der Effizienz und Profitabilität gesehen ist sicherlich der Unternehmer der Klügste von allen im Kapitalismus. Er lässt arbeiten und verdient dabei das meiste Geld. Mir sagte einmal jemand, dass in dem Wort „klug" das Wort „Lug" drinsteckt.

Wenn wir genau hinsehen, stellen wir fest: Egal wie wir es drehen oder wenden ... es ist und bleibt ein Ausbeutersystem. Irgendeiner lebt immer auf Kosten des anderen. Das Ganze ist aus meiner Sicht eine Art Systemfehler. Dieser Systemfehler geschah nicht aus Zufall, wie wir im Verlauf dieses Buches noch feststellen werden.

An dieser Stelle dürfen wir uns die Frage stellen, wie das Phänomen der Industrialisierung und Globalisierung in die sogenannte zivilisierte Welt dieses Planeten gekommen ist. Diese Frage ist einfach zu beantworten. Der Antrieb entspringt aus einem der niedersten Instinkte des Menschen: der Gier. Sie rührt sicherlich aus der Angst, nicht genug zu haben – aus einem Feld des Mangels, das auf Erden installiert wurde und seither mit allen möglichen Mangelgedanken gespeist wird.

Die Idee, oder anders gesagt das Konzept der Industrialisierung, gründet auf dem Willen, mit weniger Aufwand mehr zu produzieren. Kurz gesagt, sich zu bereichern auf Kosten der anderen und vor allem des Planeten. Eine Konsequenz daraus ist die Ausbeutung der Naturressourcen, wie zu Beispiel des Humusbodens, dessen Nährstoffe seitdem auf ein Minimum geschrumpft sind. Wenn man die Ressourcen dieser Erde an alle Menschen gerecht verteilen würde, wäre für alle mehr als genug da. Unser Planet hat uns mit Fülle ausgestattet, weil es genau das ist, was das Prinzip der Schöpfung besagt. Doch wenn man sich in der Welt umschaut, kann man leider nicht sehen, dass alle in Fülle leben. Wir sehen, dass ein Feld aus Mangel und Knappheit erzeugt wird, um uns glauben zu machen, dass nicht genug da sei, und dass wir uns deshalb anstrengen müssten, um etwas abzubekommen. Diese Gedanken führen zu Trennung und Abspaltung von unserem wahren Selbst und unserer Menschenwürde.

Dass wir eine entfremdete Arbeit, also etwas, womit wir im Grunde nichts zu tun haben, verrichten, um zu überleben, widerstrebt zutiefst unserer Würde. Und das fühlen wir auch, wenn wir noch nicht völlig abgetrennt sind von unserer inneren Stimme.

Als der Mensch gemäß seiner Schöpfung noch im Paradies lebte, du weißt schon, da, wo übertragen gesprochen Milch und Honig floss, kannte er keinen Mangel, keinen Neid und auch sonst keine kleinmachenden Gefühle. Er lebte buchstäblich in der Fülle. Man lebte in Stammeskulturen, in denen jeder eine Aufgabe übernahm, um das Leben für alle zu erleichtern und friedlich zu gestalten. Man versorgte sich selbst mit Nahrungsmitteln. Die Tiere waren Freunde und wurden nicht missbraucht oder gegessen. Sie halfen sogar auf ihre Weise dem Menschen freiwillig, weil auch sie die Schöpfung der ursprünglichen Schöpferwesen waren.

Für mich liegt in der Einfachheit jener Lebensweise des Ursprungs auf Erden die echte Freiheit, weil die Menschen nicht für ein Mittel zum Zweck lebten und arbeiteten, sondern für ihr unmittelbares Leben. Sie sorgten für das, was täglich und in jedem Moment benötigt wurde. Sie dachten nicht an gestern oder morgen, sondern existierten im gegenwärtigen Moment.

Um die Kraft des JETZT zu erleben, zahlen Menschen unserer Zivilisation heutzutage viel Geld für Achtsamkeitsseminare, wo das doch die natürlichste Sache der Welt sein sollte. Ist das nicht bemerkenswert? Ich stelle mir vor, dass die Menschen damals die meiste Zeit einfach ihr Leben genossen und sich an der Natur erfreuten. Die Tätigkeiten wie Nahrung zu finden oder Feuer zu machen empfanden sie sicherlich nicht als Arbeit, sondern als natürliches Fließen im Strom des Lebens. Im einfachen Leben liegt eine Seligkeit, die vielleicht deshalb als Paradies bezeichnet werden kann.

Wenn man die Schriften des Ursprungs studiert oder auch sich mit jenem geistigen Feld verbindet, findet man eindeutige Hinweise, dass der Mensch im Ursprung in der Einheit gelebt hat. Diese Einheit bedeutete, dass er mit seinem göttlichen Ursprung und der Natur in Harmonie lebte. Bedingungslose Liebe war kein Konzept, so wie es heute der Fall ist, sondern ein Seinszustand, der gar nicht als besonderes Phänomen wahrgenommen wurde, weil er der eigenen Natur entsprach. Es liegt also ganz sicher nicht in der Natur des Menschen, selbstsüchtig, ängstlich, neidisch oder gierig zu sein. Dafür gibt es im ursprünglichen Geistfeld keinen Grund. Solche Gedanken müssen also von äußeren Kräften installiert worden sein. Darauf komme ich später noch zu sprechen.

Als ich irgendwann merkte, dass die Freiheit, die ich in der Freiberuflichkeit suchte, auch nur eine Illusion ist, solange man in einem Ausbeutersystem arbeitet, um zu *überleben*, fiel es mir wie Schuppen von den Augen. Ich erkannte sämtliche Mechanismen der Gehirnwäsche, denen wir „zivilisierten" Menschen normalerweise ausgesetzt sind. Unsere Konsumgesellschaft möchte uns suggerieren, dass wir bestimmte Dinge benötigen, um gut genug oder sogar besonders zu sein. Wir wollen dazu gehören und kaufen uns deshalb tolle Klamotten, Make-Up oder Statussymbole. Das System breitet sich auch auf das größer werdende Bedürfnis nach Spiritualität und Persönlichkeitsentwicklung aus. Dafür wird ein Seminar nach dem nächsten konsumiert und man hängt sich die Zertifikate an die Wand, um sich besser zu fühlen.

Wenn wir das näher unter die Lupe nehmen, brauchen wir eigentlich nichts im Außen zu unserem Glück. Das, was wir wirklich zum Leben benötigen, könnten wir in einer Dorfgemeinschaft mit Gemüseanbau auch schon finden.

Mit der geistigen Ausrichtung auf Lichtnahrung könnten wir sogar ohne Essen und Trinken auskommen. Das haben Menschen, die ich kenne, getan. Obwohl ich es aktuell nicht nachahmenswert finde, fasziniert mich die Möglichkeit, nicht abhängig von Essen zu sein. Ich kann mir auch vorstellen, dass es eine Zeit in der Menschheitsgeschichte gab, in der wir gar nichts gegessen haben, weil wir dieses Konzept nicht kannten.

Die Einsiedlerin aus der Taiga, Anastasia, die später in Kapitel 13 vorgestellt wird, isst nur ein paar Zedernüsse, Kräuter und Beeren, die sie findet, und erfreut sich enormer Vitalität. Letztlich ist das viele Essen auch eine Form von übersteigertem Konsumverhalten unserer Zivilisation.

Die letzte Begegnung mit meiner Oma vor ihrem Übergang ins Licht machte mir auch deutlich, dass Menschen wie sie, die große Herausforderungen erlebt haben, zwar widerstandsfähiger sind, da sie gelernt haben, damit umzugehen, sich aber andererseits auch mit Lebensumständen eher zufriedengeben, statt ihren Ursachen auf den Grund zu gehen. Sie erfuhr die sinnlose Grausamkeit des Zweiten Weltkriegs am eigenen Leib und führte eine Familiengruppe von neun Menschen auf der Flucht von Breslau nach Westdeutschland. Sie war stets mit dem eigenen Überleben und dem ihrer Familie beschäftigt. Ihr Leben war geprägt von diesem Überlebenskampf und somit blieb kein Raum für irgendein Hinterfragen oder dafür, über irgendeinen Sinn zu philosophieren. Bei näherer Betrachtung fällt auf, dass der Mensch beschäftigt gehalten wird durch den Überlebenskampf, damit er sich eben keine Gedanken macht, wie er frei werden könnte. Ich entschied mich also, so wenig Zeit und Energie in diesen Überlebensk(r)ampf zu investieren wie möglich. Das führte dazu, dass ich immer auf der Suche nach Sinn war, und ich sollte belohnt werden durch viele Erkenntnisse, die sich meinem Geist eröffneten.

An dieser Stelle möchte ich allerdings noch betonen, dass ich das einfache Leben in Einklang mit der Natur, in welchem ein Mensch gar keinen Moment damit verschwendet, zu reflektieren und zu analysieren, als lebenswert betrachte. Wenn Menschen wie meine Oma so ein einfaches Leben in Frieden leben könnten, wäre alles in der göttlichen Ordnung. Aber ein Leben in Frieden und Freiheit ist womöglich seit Jahrtausenden in der sogenannten zivilisierten Welt kaum realisierbar. „Einfache Menschen" zeigen aufgrund der Tatsache, dass sie zumindest teilweise der installierten „Bildung" entgehen konnten, das, was als „gesunder Menschenverstand" bezeichnet werden kann. Das hat sich besonders in der Plandemie von 2020-22 gezeigt, in der das Bildungsbürgertum mit seinen Akademikern die Mehrheit der Mikroben-Propagandisten gebildet hatte.

Angeblich „gebildete" Leute können von sogenannten „einfachen" Menschen enorm viel lernen. So auch Werte wie Würde und Ehre. Phänomene wie die Handwerker-Ehre beeindrucken mich zutiefst. Einmal *erwischte* ich den Vater meiner Vermieterin *auf frischer Tat*, als er eine nicht von ihm selbst verursachte Schramme an meinem Auto mit Politur verschwinden lassen wollte. Als er mich kommen sah, versteckte er sich hinter meinem Auto, denn er wollte seine gute Tat unbemerkt lassen. Er wollte einfach etwas Gutes tun, weil er ein gutes Herz hatte und weil er die Dinge gern reparierte. Diesem Mann war es nicht wichtig, dafür gelobt oder anerkannt zu werden.

Freunde von mir kamen eine Zeit lang immer mit ihrem Handwerkskoffer zu uns, weil immer etwas zu reparieren war und sie es nicht mit ansehen konnten, dass wir etwas „Kaputtes" im Haus hatten.

Menschen unserer Zivilisation haben ein Problem. Sie denken zu viel nach. Vor allem über die eigenen Vorteile. Darüber vergessen sie, wer sie eigentlich sind.

Die Gewissheit, dass unsere Seele unsterblich ist und unser Körper ein Gefährt ist, mit dem wir menschliche Erfahrungen machen, birgt innere Erleichterung – im Leben und im Sterben. Im »Totenbuch der Tibeter«[1] erfahren wir den Übergang in die körperlose Welt als eine Zwischenwelt oder einen losgelösten Seinszustand, der als *Bardo* bezeichnet wird.

Die Kunst zu sterben wird in eingeweihten Kreisen verstanden und es werden dort Menschen im Sterbeprozess eingehend begleitet. Es werden dem bereits im Übergang befindlichen Menschen, der also dabei ist, seinen Körper zu verlassen, Verse vorgelesen, die natürlich an dessen Geist gerichtet sind. Diese Verse sollen ihn auf seinem Weg ins Licht geleiten, nachhause zur Seelenfamilie. Gewisse Kreise beherrschen sogar die Kunst, Seelen aus ihrer Blutslinie wieder in ihre Familie inkarnieren zu lassen. Man berichtet davon, dass die Königsfamilien auf Erden dazu gehören.

Ich halte es für absolut notwendig, dass wir andere Menschen beim Übergang begleiten. Dazu gehört auch, dass wir, soweit sie das wollen, ihr Bewusstsein erweitern, während sie noch leben. Dadurch wird vieles für sie leichter. Wenn eine Familie, und dazu gehören auch die Kinder, einen Angehörigen begleitet, kann die Heiligkeit dieses Übergangs wieder ihren gebührenden Platz einnehmen.

Die Furcht vor dem physischen Tod vermag sich somit aufzulösen. Wenn wir furchtlos sind, leben wir autark und selbstbewusst.

Liebe Oma, ich hoffe im nächsten Leben vergisst du nicht wieder, was deine Seele dir unaufhörlich versucht, mitzuteilen, nämlich, dass du eine unsterbliche Seele bist.

Würde unser Wissen um die unsterbliche Seele nicht dermaßen zugeschüttet werden, könnten wir uns voller Freude vom Körper trennen und zu unserer Seelenfamilie zurückkehren. Die Fähigkeit des Loslassens würde dann wieder aktiviert werden und wir würden jeden Tag mit der Gewissheit beenden, den *kleinen Tod* zu sterben, wenn wir uns schlafen legen. Die Kunst zu sterben würde den gleichen Stellenwert haben wie die Kunst zu leben.

Die Entwurzelung, die meine Oma durch die Flucht erleben musste, führte sicherlich auch zu einem Identitätsverlust. Irgendwie war ihr späteres Leben kein echtes Leben mehr, weil es fast nur in ihren Erinnerungen an die Vergangenheit stattfand. Da wo ihre Wurzeln waren, fand ihr Leben statt. Ist das nicht auch total nachvollziehbar? Darum lass uns erforschen, wo *unsere* Wurzeln liegen. Es mag ein individuelles, aber auch kollektives Entdecken sein.

Viele von uns fasziniert das Thema der Ahnen und der Wurzeln, und so kommen wir, die wir nach Wahrheit suchen, nicht darum herum, uns mit dem Thema Deutschland und seine besondere Rolle zu beschäftigen. Unsere Reise geht also im nächsten Kapitel zu unseren kulturellen Wurzeln.

Also los, Gefährten, folgt mir in den Kaninchenbau!

# 3. Je tiefer unsere Wurzeln, desto höher können wir fliegen

Seit Jahren, besonders seit 2020, verlassen immer mehr Deutsche ihre Heimat. Viele außergewöhnliche Menschen aus der Wahrheitsbewegung leben bereits seit längerem im Ausland und haben dennoch ihren Bezug zum Heimatland nicht verloren. Einige davon betonen immer wieder die wichtige Bedeutung der deutschen Kultur im Aufwachprozess. Ein gewisser William Toel[2], ausgerechnet ein US-Amerikaner, erzählt uns Deutschen, dass wir einen besonderen Auftrag in Bezug auf den spirituellen Aufstieg der Menschheit haben. Für mich kamen hinsichtlich dieses Themas anfangs gemischte Gefühle auf. Vielleicht geht es dir ähnlich und deshalb möchte ich transparent und unbefangen dieses Thema näher unter die Lupe nehmen.

Als ich in meinen Zwanzigern nach Indien ging, weil ich vermutete, dass dort Spiritualität zu finden und zu erleben sei, spürte ich dieses tiefe Gefühl von „nach Hause kommen". Was war das? Ich glaube, ich spürte wie viele andere Deutsche eine Sehnsucht nach Tiefe, nach Verwurzelung, nach Heimat. Wohl nicht zufällig gab es im Osho Ashram, einer internationalen spirituellen Gemeinschaft, eine große Zahl an Deutschen, gemessen an unserem relativ kleinen Land. Ich glaube, dieses Gefühl von Nachhausekommen entstand nicht unbedingt aufgrund der indischen Kultur selbst, sondern aufgrund der Erfahrung, bei sich selbst im Innern, im eigenen Zuhause, anzukommen. Genau dieses Phänomen fand nämlich in der indischen Kultur seinen gebührenden Platz.

Wenn die Inder mich damals fragten, was für mich meine Wurzeln waren oder was für mich Deutschland oder seine Kultur bedeutete, hatte ich keine Antwort darauf.

Schlimmer noch ... ich hatte mich zuweilen nicht positiv geäußert. Mein damaliger Freund hatte immer gesagt, er würde einen großen Bogen um Deutsche im Ashram machen, da sie furchtbare Egomanen seien und immer nur im Kopf umherschwirrten. Und wenn ich mich umsah, konnte ich dieses Phänomen in der Tat beobachten. Ganz nach dem Motto, dass man eine Hypothese im Außen bestätigt findet, wenn man seine Aufmerksamkeit darauf lenkt. Also sah ich die Deutschen auch kritisch und mied sie.

Jedoch erlebte ich mit der Zeit, dass es auch Landsleute gab, die nicht in dieses Vorurteil passten ... und die waren halt einfach genial. Wenn sie ihr Denkvermögen mit einem hohen Grad an Bewusstheit und Lebensfreude verbanden, leuchteten sie und konnten etwas bewegen.

Damals war ich auch immer auf Neues und Unkonventionelles aus. So lernte ich Menschen aller möglichen Nationalitäten und ihre Kulturen kennen. Als Single kam ich im Ashram natürlich mit Männern aus unterschiedlichen Nationen zusammen, zweimal auch in engeren Beziehungen. Irgendwann wurde mir klar, dass ich niemals mit einem Mann aus einem anderen Kulturkreis glücklich werden würde, weil wir uns in der Tiefe nicht wirklich verstehen würden.

Obgleich ich hier ausdrücklich von meiner eigenen Erfahrung spreche, halte ich es dennoch für möglich, etwas Grundsätzliches hieraus ableiten zu können. Solange es in Begegnungen auf der körperlichen Ebene bleibt, gibt es sicherlich kein Problem. Aber genau in der Identifikation mit dem Körper liegt ja das Problem. Wenn wir nur auf der körperlichen Ebene nach Partnerschaft suchen, ist das Drama vorprogrammiert. Ganz einfach, weil es sich nicht weiter entwickeln kann, wenn beide auf der Ebene bleiben.

Ebenso entsteht ein Gefälle, wenn nur einer von beiden sich weiterentwickelt, oder wenn beide sich in verschiedene Richtungen entwickeln. Schließlich geht es doch um gemeinsames Wachstum und nicht um gegenseitige Bedürfnisbefriedigung. In puncto bewusste Beziehungen haben wir Menschen noch etwas zu lernen.

Bevor ich mich nun um Kopf und Kragen rede, möchte ich einfach zum Ausdruck bringen, dass ich trotz einer großen Offenheit für andere Kulturen keine langfristige Beziehung zu Partnern anderer Kulturkreise aufbauen konnte. Vielleicht war das auch einfach mein persönliches Schicksal, und diente meiner Entwicklung. Vielleicht war ich damals auch nur noch nicht reif für eine tiefe Partnerschaft, obwohl ich eine Sehnsucht danach fühlte. Es kann auch sein, dass ich einfach erst einmal meine Wurzeln in die Erde wachsen lassen sollte. Die eigene Evolution geht oftmals mit dem Entdecken und Erforschen der eigenen Wurzeln einher.

Warum zieht es eigentlich so viele nach Indien? Vielleicht suchen sie etwas, das ihnen zeigt, dass sie nicht nur ihr Körper sind, in welchem sie umherwandern. Letztlich sind sie auf der Suche nach ihrer Seele und ihrer Identität als Mensch. Noch etwas tiefer geblickt suchen wir doch alle die Unsterblichkeit, die Ewigkeit der Existenz. Manche nennen es den Heiligen Gral. In Indien war die technokratische Zivilisation zumindest bis in die neunziger Jahre, als ich viele Male dort war, nicht so weit vorangeschritten. Somit bekommt der Körper, das Irdische, das Materielle, dort einen anderen Stellenwert. Spiritualität gehört zum guten Ton. Sie ist sozusagen eine Selbstverständlichkeit. Jeder Inder hat seinen Guru, seinen Tempel und seinen Altar. Es gehört zum *täglich Brot* wie bei uns die Kirche.

Im Vergleich dazu wird bei uns der Materialismus als Gottheit verehrt. Die technokratische Industriegesellschaft vermittelt uns, dass unser Wert sich durch unsere Arbeitsleistung definiert. Je mehr wir besitzen, desto glücklicher sollen wir angeblich werden – bis man dann aus diesem Traum aufwacht, und ihn als Illusion erkennt. Angewidert von der Konsumgesellschaft will man dann fliehen. Und was ist meistens die erste Adresse? Indien! Das Kuriose ist allerdings, dass mir damals in den Neunzigern in Indien ein Portemonnaie aus Leder angeboten wurde, im Tausch gegen mein eigenes aus Plastik. Jedes Kaufgut wurde stolz in Plastiktüten eingepackt. Sie haben sich wie die Geier auf Plastik gestürzt. Es war eines ihrer Gottheiten. Genauso wie das Geld der „Westler". Wenige Stunden nach meiner Ankunft in diesem Kulturkreis wurde mir mein ganzes Geld aus dem Hotelzimmer gestohlen. Will sagen, dass diese ganze Konzentration aufs Geistige und die damit einhergehende Entsagung des Materiellen ein Gedankenfeld des Mangels erzeugen kann.

Du magst behaupten, es sei Karma, dass ich bei jedem meiner sieben Aufenthalte in Indien bestohlen wurde. Sicherlich. Es kann schon sein, dass ich als Wohlbetuchter in einem früheren Leben andere ausgebeutet hatte, und das somit entsprechend ausgleichen sollte. Auf einer persönlichen Ebene könnte das durchaus sein. Dennoch sollten wir nicht alles, was uns passiert, ausschließlich auf uns persönlich beziehen. Ich bin sicherlich nicht der Nabel der Welt, oder?

Diese Erfahrungen haben sicherlich einen persönlichen Bezugsrahmen, woraus eine Lernaufgabe abzuleiten ist, man kann sie aber auch in einem größeren Kontext betrachten. Die Lektion, die ich zu lernen hatte, bestand darin, nicht an Materiellem anzuhaften. Eine weitere Lektion ist das Vertrauen, dass immer für mich gesorgt ist, auch in noch so schlimmen Situationen.

Wenn ich also diese extremen Vorkommnisse aus dem persönlichen Kontext herauslöse und in einem größeren Rahmen sehe, würde ich doch sagen, dass da ein gewisser Mechanismus am Werk ist, der größer ist als meine persönliche Sphäre. Diesen Mechanismus möchte ich folgendermaßen beschreiben: Die Menschheit ist in ein komplexes System von Trennung und Mangel hineinmanipuliert worden. In der Dualitäts-Matrix gibt es zum Beispiel die sogenannten reichen und armen Länder, die entwickelten und die Entwicklungsländer. Die Inder fühlten sich zumindest damals, als ich dort war, immer berechtigt, uns das Geld aus der Tasche zu ziehen. Wir waren die Reichen und sie sahen sich als die Armen. Diese Tatsache rechtfertigte Handlungen wie Diebstahl. Aus ihrer Sicht war das vielleicht sogar kein Verbrechen, so wie wir das sehen würden.

Über die Frage, wer dieses System installiert hat, gibt es einige Spekulationen. Man findet viele mögliche und plausible Antworten bereits in der Wahrheitsbewegung. Vielleicht spielt es aber für dich gar keine so große Rolle. Es kann sogar ein Vorteil sein, den Übeltäter nicht zu kennen, weil man dann nicht Gefahr läuft, negative Emotionen auf ihn zu projizieren. Solche Emotionen schwächen uns letztlich nur und führen uns von uns selbst weg. Sie trennen uns voneinander, und das ist ja wie gesagt von *ihnen* gewollt. Lass uns diesen Mechanismus durchbrechen.

Nun möchte ich erst einmal auf den Mechanismus selbst und seine potenziellen Auswirkungen auf uns Menschen eingehen. Zuerst einmal lass uns die deutsche Frage beleuchten. Was ist eigentlich der deutsche Geist? Der deutsche Geist hat laut Axel Burkart[3] seit 1871 gelitten. Ab dem Punkt, als das deutsche Kaiserreich ausgerufen wurde, ist aus einer Kulturnation ein politisches Reich geworden. Der Begriff „deutsch" war bis dahin immer geistig gemeint, also spirituell.

Der deutsche Kulturgeist hatte mit Politik nichts zu tun. Der deutsche Idealismus ist verdrängt worden durch den angelsächsischen Darwinismus und Materialismus. Schließlich begann die industrielle Revolution Ende des 18. Jahrhunderts in England und griff erst Anfang des 19. Jahrhunderts auch auf Deutschland über.

Das Land der Dichter und Denker ließ sich nicht lumpen, und wurde sogar in manchen Industrien zum Vorreiter, wie zum Beispiel in der Automobilindustrie. Aber was wurde aus dem ursprünglich hohen spirituellen Ideal der Deutschen? Es wurde und wird von gewissen Kräften in die Schranken gewiesen. Warum? Weil darin eine Superkraft liegt, die jenen dunklen Kräften im Weg steht.

Es scheint paradox, dass einige der hellsten Köpfe auf der dunklen Seite der Macht standen, wie zum Beispiel Johann Wolfgang von Goethe als Anhänger der bayrischen Illuminaten. Wir können allerdings von ihrem Genius lernen und ihr geistiges Erbe wieder ins Licht führen. Nicht ohne Grund heißt es in Goethes Faust: *„Ich bin ein Teil von jener Kraft, die stets das Böse will und stets das Gute schafft!"*

All die Bösartigkeit der Elite wird so dermaßen ins Absurde getrieben, dass wir den Weckruf einfach nicht mehr überhören können. In dem Moment, in dem wir diese Bösartigkeit entlarven, lassen wir uns nicht mehr in dieses Spiel verwickeln. Wir müssen nur aufpassen, dass wir beim Erkennen der Illusion dann nicht zu emotional reagieren. Das geht auf Kosten der guten Schwingung. Die dunkle Seite der Macht hat einen großen blinden Fleck. Er besteht darin, dass sie uns unterschätzt haben. Sie dachten, alle von uns seien dumme Schlafschafe, Arbeitsbienen und Kanonenfutter. Sie rechneten nicht damit, dass so viele aufwachen würden. Das ist unsere größte Trumpfkarte.

Es braucht also auch in deutschen Landen wachsame Menschen einer neuen Zeit, die den deutschen Geist entfachen – Menschen wie zum Beispiel auch Rudolf Steiner, der ihn weiter entzündet hat. Steiner hat die Religionen als Übel der Welt bezeichnet, die den Menschen von seinem direkten Gottesbezug abhalten wollen. Gott nach außerhalb des Menschen existierend zu projizieren, ist eigentlich entgegen der Schöpfung, ein zutiefst satanisches Prinzip.

Die Anthroposophie spricht von einem göttlichen Weltenplan, der uns zeigt, wo es hingeht. Darin gilt es zu verstehen, dass wir als Deutsche eine spirituelle Mission haben. Dabei geht es nicht darum, besser als andere zu sein, oder gar sich als Übermenschen darzustellen. (Nach meinem Verständnis geht es hier um den deutschsprachigen Raum, womit hier auch Österreich und die Schweiz dazugehören.)

Jedes Volk hat genau wie jeder Mensch eine spezifische Aufgabe, und wir sollen dazu beitragen, dass die Menschheit wieder in die komplette Freiheit gelangt. Die Germanen sind sozusagen die Vorreiter, die Träger dieser Entwicklung.

Die Eltern meiner nach dem Krieg geborenen Eltern sind als Kriegsopfer zu bezeichnen. Die Männer sind im Krieg gefallen und die Frauen sind geflüchtet. Keiner meiner Vorfahren hat mir jemals etwas anderes erzählt, als das, was man halt aus einer Opferperspektive heraus wahrnimmt. Die Bezeichnung „Nazi" kenne ich also nur als Schimpfwort. Natürlich hatte ich immer die düstere Schwingung bei der Thematik wahrgenommen. Dennoch empfand ich keine Gefühle wie Schuld oder Scham. Meine innere Stimme sagte mir, dass ich persönlich keine Schuld daran tragen kann. Schließlich lebte ich nicht zur Zeit des Zweiten Weltkriegs. Die Schuld-Konditionierung scheint an mir fast spurlos vorüber gegangen zu sein, obwohl man in der Schule eindringlich in eine schuldbeladene Richtung gedrückt wurde.

Ich fand es immer befremdlich, dass meine Mutter sich alle Dokumentarfilme über den Zweiten Weltkrieg ansah und Familienmitglieder, die sich in Bezug auf die Schuldindoktrinierung kritisch äußerten, von meinen Eltern schief angeguckt wurden. Bei meiner Mutter war sogar ein Hang zum Morbiden festzustellen. Sie studiert regelmäßig die Todesanzeigen in der Zeitung, um dann darüber zu berichten, wer alles wieder gestorben sei.

Dieses Thema ist jedenfalls für meine Eltern immer noch ein heißes Eisen, was ja unmöglich aus einer direkten eigenen Erfahrung rühren kann, denn die hatten sie als Nachkriegsgeborene nicht, sondern lediglich vom *Hörensagen* – eingeimpft vom Umfeld und den Medien. Bei Erwähnung des Themas in gewissen Kreisen wundert man sich über die Eiseskälte und die Totenstille, die von den Menschen Besitz ergreift. Man hat aus ihrer Sicht wohl offensichtlich ein Tabu gebrochen. Leute aus meinem Umfeld bestanden stets beharrlich darauf, dass ich mich politisch *weiterbilden* solle, zum Beispiel mit Anti-Nazi-Filmen. Logischerweise kamen die Deutschen da nicht gut bei weg, wenn die Filme im „Siegerland" USA produziert worden waren. Die Tatsache, dass ich mir Filme wie »Der Untergang« oder »Der Pianist« aufgrund der gezeigten Grausamkeiten kaum ansehen konnte, war allerdings darin begründet, dass meine Fähigkeit zur Empathie sehr stark ausgeprägt ist. Kurzum, ich gehöre nicht zu denen, die sich für vergangene Taten ihrer Landsleute persönlich verantwortlich oder sogar schuldig fühlen.

Was mir viel mehr Sorge bereitet, ist die Tatsache, dass die von der Krankheit der Mittelmäßigkeit befallenen Deutschen tendenziell ihren Geist verkommen lassen. Sie fühlen sich nicht nur schuldig, sondern haben auch Angst vor allem, was sie nicht kennen und sind aufgrund dessen obrigkeitstreu. Sie glauben das, was Schwarz auf Weiß geschrieben steht und blicken zu allem Überfluss noch die meiste Zeit finster und ernst drein. All das veranlasst mich dazu, mit Pauken und Trompeten eine Fanfare anzustimmen, die uns Deutsche aus der Tieftrance weckt.

### „GUTEN MORGEN, LASS DIE SONNE REIN!"

Ich möchte ausdrücklich darauf hinweisen, dass ich mich nicht in alle Details des Hintergrundwissens hineinbegeben habe, sondern dass ich lediglich begonnen habe zu bezweifeln, dass uns die ganze Wahrheit gesagt wird. Es ist leicht vorstellbar, dass Anführer sämtlicher Regime, die durch einen Prozess von Mind-Control geschleust worden waren, von den Dunkelmächten installiert wurden. Mittlerweile ist bekannt, dass Politiker, genauso wie sämtliche andere Protagonisten und Nebendarsteller im Täter-Opfer-Spiel, in einem langen Prozess für ihre Funktion im geplanten Geschehen vorbereitet werden. Danach dienen sie als Marionetten auf der politischen Bühne. Sie sind nicht die Kontrolleure, sondern die Kontrollhebel, die von negativen Mächten bewegt werden.

Die Idee des Übermenschen – sowohl als Resultat einer rassischen Zuchtfolge als auch in der Idee eines auserwählten Volkes – wurde absichtlich mit dem, dessen Namen ich hier lieber nicht nenne, als Leitfigur so drastisch pervertiert, um die Deutschen auf ewig aus ihrer Kraft zu verbannen – und zwar weltweit. Das Gedankengut des Übermenschen hat mit dem deutschen Geist an sich nichts zu tun, sondern entstammt womöglich einer indischen Götter-Mythologie.

Deshalb wurden wahrscheinlich auch indische Symbole wie die Swastika, das Hakenkreuz, verwendet. Dass überhaupt irgendjemand einer Ideologie gefolgt ist, die die Tötung von Andersdenkenden rechtfertigt, können aufgeklärte und wache Menschen kaum nachvollziehen. Allerdings musste man auch feststellen, dass eine nicht zu unterschätzende Anzahl an Deutschen sich in der Mikrobenkrise als Blockwarte und Denunzianten aufspielten, was einer ähnlichen Struktur zugrunde liegt, wie soeben dargestellt. Sie folgten einer Ideologie, die ihrer Mittelmäßigkeit Flügel verlieh. Aus Solidarität ihrer Glaubensgemeinschaft gegenüber durften sie nun endlich andere angreifen, verpfeifen und sich wichtig fühlen.

Aber lassen wir das leidige Thema, es gehört der alten Welt an. Ganz bewusst möchte ich diesen Menschen und Mechanismen nicht noch mehr Aufmerksamkeit widmen, weil ich die damit verbundene Destruktivität nicht fördern möchte. Es soll hier nur um die zugrundeliegenden Strukturen gehen, damit wir daraus lernen können.

Gewiss will ich mich nicht als Expertin der geschichtlichen Materie bezeichnen. Da gibt es andere, die dieses Thema in der Tiefe untersucht haben. Hinweise dazu findet man hinten im Buch. Weshalb ich soweit ausgeholt habe an dieser Stelle, liegt darin begründet, dass ich es für essentiell erachte, dass wir uns von der Bürde der Schuld befreien. Der deutsche Geist als spirituelle Ausrichtung kann überall wachgerufen werden, auch in jemandem, der geographisch außerhalb von Deutschland lebt.

Also lass uns unsere Zeit nicht noch länger mit einer alten, von Dunkelmächten auferlegten Bürde verschwenden. Es lohnt sich mehr, unsere Aufmerksamkeit auf das zu lenken, was uns alle ins Licht führt. Und ich meine wirklich alle! Denn um unsere Wurzeln wirklich zu kennen und mit ihrer Kraft die Höhenflüge als Mensch erleben zu können, bedarf es weniger unserer Identität als Deutsche, wobei das auch hilfreich sein könnte, sondern noch viel mehr unserer Identität als Mensch im Einheitsbewusstsein.

Das birgt ein viel tiefergehendes Verständnis von der Urkraft unserer Menschheitsfamilie. Wenn wir aus dem auferlegten *Trauma*, welches sich manchmal wie ein Alp*traum* als Schlaufe ins Unterbewusstsein hineinlegt, *aufwachen*, beginnt der Weg der inneren Befreiung. In einem solchen Moment wird uns eine Form von Gnade zuteil und wir spüren das Urvertrauen und die Sicherheit in uns, die wir lange im Außen gesucht haben. Darin zeigt sich unsere wahre Verwurzelung.

Manchmal kann es in diesem Zusammenhang wichtig sein, sich auf die eigene Biographiearbeit einzulassen, vielleicht sogar Ahnenforschung zu betreiben oder schamanisch mit den Ahnen zu reisen. Dabei kommen wir an den Punkt, an dem wir das Trauma erblicken, verstehen und integrieren können. Aus dem Trauma aufzuwachen, bedeutet, zu erkennen, dass man mit offenen Augen geträumt hat. Man kann so viel meditieren, wie man will … man kann alles für seine Chakren (Energiezentren) tun, was es gibt, aber wenn die Wurzel nicht stabil und geerdet ist, kann alles andere nicht auf gesundem Boden wachsen.

Um es ganz deutlich zu machen: Mensch zu sein bedeutet, sich an das Irdische, an die Erde, anzubinden. Also *erde* dich, bevor du dich *himmelst*. Wenn die Wurzel dauerhaft stabil ist, vereinst du Himmel und Erde in dir. Dann entsteht eine fabelhafte Wirklichkeit, die du dir schon lange erträumt hast.

Abb. 1: Warum heißt unser Planet wohl Erde? Damit wir uns hier als Menschen erden und verwurzeln. Genau wie dieser Baum, der um das härtere Element Stein herumwächst. Er schmiegt sich um ihn herum und sucht sich seinen Weg.

Falls du dich jetzt fragst, wie das mit dem Erden denn gehen soll … hier schon einmal ein paar Empfehlungen. Später beim Thema *Die Alchemie der Natur* gehe ich noch näher auf die Elemente ein.

- gehe barfuß, so oft es geht, drinnen oder draußen
- lege dich auf die Erde/den Boden in Rücken- oder Bauchlage
- betätige dich körperlich, tanze, trommle, handwerkle…
- gönne dir Körperarbeit, z.B. Massage
- gönne dir ein Fußbad und creme die Füße danach ein
- gehe in die Natur und nimm sie wahr
- verabrede dich zum Raufen (Playfight)
- iss Wurzelgemüse
- trage Kleidung in Erdtönen oder dunklen Rottönen.
- umgib dich mit Naturmaterialien, z.B. Holz, Stein usw.
- Gartenarbeit bzw. in der Erde wühlen
- folge den Spuren deiner Ahnen und verbinde dich mit ihnen
- entspanne in Konfliktsituationen Becken, Beine und Füße

Liebe Damen, hohe Absätze und überhaupt sämtliche unbequemen Schuhe tragen wenig zu deiner Erdung bei. Man kann euch darin leicht umpusten und ihr könnt damit im Ernstfall nicht schnell weglaufen. Nun, sie mögen ja als Waffe geeignet sein, aber nur, wenn man genug Zeit hat, sie vorher auszuziehen. Genauso führen zu enge Hosenbünde oder Metallbügel im BH dazu, dass unser Erdung blockiert wird. Gönne dir lieber ab und zu mal eine Auszeit vom Chic-Sein-Müssen. Setze dich hin und stelle dir vor, wie deine Wirbelsäule tief ins Erdinnere hineinwächst, lass dich durch dieses Erdkabel verwurzeln. Auf meiner Website *www.coaching-pyramide.de* findest du geführte Meditationen zu diesem Thema.

# 4. Das Prinzip „Teile und herrsche"

Das große Vergessen beim Eintritt in die Matrix, das heißt, sobald wir einen menschlichen Körper unser Eigen nennen, führt dazu, dass wir für das Spiel der Dualität und Polarität eine Eintrittskarte kaufen. Auf dieser Ebene gibt es Täter und Opfer – diejenigen, die Böses tun und selbstsüchtig handeln, und diejenigen, die sich böse behandeln lassen.

Beide sitzen im Gefängnis. Aus höherer Perspektive ist keiner besser als der andere. Beide spielen einfach nur dieses Spiel mit. Wenn man sich mit einer Seite identifiziert, hängt man automatisch in dieser Schleife, solange, bis man den Mechanismus erkannt hat. Diese duale Struktur zeigt sich sehr anschaulich auf der Matrix-Oberfläche. Wenn man von außen auf die Matrix blickt, sieht man die Mechanismen und erkennt vielleicht sogar die Übeltäter, die daran interessiert sind, das Spiel am Laufen zu halten. Es spielt jedoch letztendlich keine Rolle, ob die Finanz-Elite, Außerirdische oder sonstige Dunkelmächte dafür verantwortlich sind, denn die Täter-Opfer-Dynamik kann nur funktionieren, wenn auf beiden Seiten mitgespielt wird. Egal, auf welcher Seite jemand agiert ... wenn er erkennt, dass er für alles selbst verantwortlich ist, was er tut, wird er sich vom System lösen können. Wenn er erkennt, welches Karma er erschafft durch sein Tun, wird ihm der Mechanismus bewusst werden und er kann sich lösen.

Unsere wahre Natur ist Fülle. Das hat die Schöpfung genauso für uns vorgesehen, und gleichzeitig haben wir uns die Fülle als Schöpfer für uns selbst erschaffen. Das ist es, was ein intelligentes Wesen natürlicherweise tut. Also fragst du nun vielleicht, wie wir den Mechanismus der Matrix erkennen. Ich würde sagen, du erkennst ihn, wenn du das Prinzip von Trennung und Mangel verstehst.

**Abb. 2:** In der Matrix (im Hintergrund) werden wir zu seelenlosen Masken, von unsichtbarer Hand gehalten.

Wer ein permanentes Empfinden von Mangel erzeugt und alle gegeneinander aufhetzt, kann sich in dem daraus entstandenen Chaos als Retter aufspielen. Es ist das bewährte Prinzip von TEILE UND HERRSCHE.

Das Bestmögliche, das wir als Menschen tun können, ist dem Prinzip von TEILE UND HERRSCHE zu entgehen, ihm sozusagen den Wind aus den Segeln zu nehmen, indem wir sein Spiel nicht mitspielen. Das Spiel der Trennung nicht mitzuspielen, bedeutet, selbstlos zu lieben und bedingungslos zu lieben. Das heißt nicht, eine böse Tat gutzuheißen, sondern sich durch diese Tat nicht davon abbringen zu lassen, weiterhin bedingungslos zu lieben. Es bedeutet, sich nicht brechen zu lassen. Das ist das Machtvollste, das wir tun können.

Zur Bewusstwerdung des Prinzips von Trennung und Mangel erlaube mir, im Folgenden ein paar Mechanismen vorzustellen. Im Erkennen kann die Klärung des Geistes geschehen.

41

## 4.1. Was bewirkt Trennung und Mangel?

### 4.1.1. Abgetrenntes Bewusstsein

Die grundsätzliche Illusion, von der wir uns befreien sollten, besteht darin, zu glauben, dass wir als Menschen vom All-Eins-Sein getrennt sind. Lass uns deshalb durch unsere Verbindung zum eignen Herzen unsere Herzintelligenz wieder wachküssen. Dann dringt eine tief in uns verankerte Wahrheit wieder ans Licht. Diese Wahrheit ist so kraftvoll, dass es fast wehtut. Wir erinnern uns im Moment des Erkennens daran, dass wir bis dahin mit offenen Augen geträumt hatten. Wir erinnern uns daran, dass wir vergessen haben, wer wir wirklich sind – nämlich alles erschaffende Götter, die aus dem Einheitsbewusstsein herausgetreten sind, um eine menschliche Erfahrung des Getrenntseins zu machen.

Die Erfahrung des Getrenntseins findet auf der dreidimensionalen Schwingungsebene statt. Wir erfahren alles als materiell voneinander getrennt – den Stuhl, auf dem wir sitzen, genauso wie unseren Körper. An der Trennungserfahrung ist gewiss nichts falsch. Als Menschen können wir ja mit unseren Sinnen wundervoll genießen und intensive Gefühle erleben. Das ist ohne Körper sicherlich eine ganz andere Erfahrung. Wenn wir uns jedoch ausschließlich mit dem Körper identifizieren, sind wir sehr eingeschränkt und im wahrsten Sinn des Wortes eingesperrt in unserer Wahrnehmung.

Dieses Buch gibt in vielerlei Hinsicht Aufschluss über den Unterschied zwischen getrenntem und verbundenem Bewusstsein. Es ist uns vor Augen geführt worden, dass die globale Politik mit großem Aufwand ein Narrativ befeuert hat, das alle Menschen gegeneinander aufhetzen soll – meistens in zwei Lager aufgeteilt, und zwar in diejenigen, die beim gelenkten Spiel mitmachen und jene, die nicht mitmachen. Ich empfehle also ganz praktisch, damit aufzuhören, andere mit Gegenargumenten zu beschießen, weil man sich damit automatisch auf das Spielfeld oder gar das Schlachtfeld begibt. Man lasse dem anderen seine Meinung und wünsche ihm ein schönes Leben. Vielleicht wacht er ja später noch auf. Vielleicht aber auch nicht. Das ist nicht dein Business!

## 4.1.2. Einzelne Sprachen

Um zu verstehen, inwieweit Sprache trennen kann, sollten wir zunächst einige Zusammenhänge in Bezug auf die Ursprünge der menschlichen Kommunikation untersuchen. Diejenigen, welche Zugang zum ewigen kosmischen Wissen haben, berichten von einer Zeit, in der alle Menschen mit Hilfe der Lichtsprache bzw. Seelensprache kommuniziert haben. Wir können uns das als eine Form der Telepathie vorstellen, die mitunter auch durch die Stimme unterstützt wurde.

Die menschliche Stimme kann auf weißmagische Weise – zum Wohle aller Wesen – oder auf schwarzmagische Weise – um andere für seine Zwecke zu manipulieren – verwendet werden. Um dieses Phänomen zu verstehen, empfehle ich Frank Herberts »Dune – Der Wüstenplanet« (besonders die Verfilmung ab 2021 und das Hörbuch in deutscher oder auch englischer Sprache), oder auch die Fernseh-Serie »Motherland Fort Salem«. Darin wird uns gezeigt, zu was die menschliche Stimme in der Lage ist, und das geht weit über die bloßen Worte hinaus. Eher bewirkt das zielgerichtete Einsetzen der Stimme eine sehr kraftvolle, und wenn es sein muss, beschützende Manifestationsmacht. Bei all der Magie, die in diesem Zusammenhang wirkt, wird in lichtvollen Kreisen immer darauf hingewiesen, dass der Ehrenkodex des wohlbedachten Einsetzens der Stimme stets einzuhalten ist.

Da ich mich als Sängerin, Filmsprecherin und Voice Coach betätigt habe, finde ich dieses Thema äußerst faszinierend. Wir können uns hoffentlich darauf einigen, dass eine geistige Ausrichtung oder Idee dem gesprochenen Wort immer vorausgeht, und dann vielleicht das geschriebene Wort folgt, um es festzuhalten. Das Aussprechen eines Gedankens ist die unmittelbare materielle Ausdrucksform der Idee.

Der Ursprung des Denkens lag allerdings in Bildern und die wörtlichen Bezeichnungen kamen höchstwahrscheinlich erst viel später. Aber warum haben wir auf Erden so viele verschiedene Sprachen, die uns daran hindern, uns miteinander zu verständigen? Die offensichtlichste Form dieses Phänomens ist der Dialekt, der sich in krasser Form darin äußert, dass der Bewohner des einen Dorfes den aus dem nächsten Ort kaum noch versteht, oder gar nicht verstehen will.

An dieser Stelle kommt alsdann das Babylon-System ins Spiel. *Bob Marley* und *Die Söhne Mannheims* haben uns in ihren Liedern darauf hingewiesen, dass die Menschen mit dem Turmbau zu Babel, indem sie sich mit Gott auf eine Ebene heben wollten, dadurch allen geschadet haben. Als Strafe, damit sich keiner mehr untereinander verständigen konnte, um den Turm weiter zu bauen, wurden die Sprachen installiert. Selbst wenn dies nur eine Metapher wäre, so ist das Prinzip, das sie darstellt, wirksam. Es führt uns die Überheblichkeit der Menschen vor Augen, welche sich aufgrund ihres angeblich technischen Fortschritts als Gott aufspielen.

Bitte verwechsele in diesem Kontext nicht die Tatsache, dass wir im Ursprung göttlich sind, mit dem Größenwahn der Technokraten. Damals war der Turmbau zu Babel wahrscheinlich das Höchste der Gefühle, was die Technik zu bieten hatte. Ganz schön abgehoben, die Babylonier! Man spricht in Insiderkreisen heutzutage vom *Turm zu Basel*, weil hier geheime Treffen der

Hochfinanz stattfinden. Mit der Hure Babylons ist jenes ausbeuterische Finanzsystem gemeint, welches so viele arm und so wenige reich macht.

Worte schaffen Realitäten. Die Sprache des Mainstream-Narrativs wurde als Diffamierungswaffe eingesetzt, um den Verstand des Kleindenkers weichzuspülen. Worte wie *Verschwörungstheoretiker*, *Covidioten* und *Coronaleugner* haben sich durch ihre inflationäre Verwendung ins Kollektiv-Gedächtnis eingebrannt und sind vermutlich nie wieder dort herauszukriegen. Die Absurdität und Radikalität der Worte führt andererseits wiederum zu einem wirkungsvolleren Aufwach-Prozess. Ich erinnere an Eckart Tolles Bemerkung in einem Gespräch mit dem britischen Autor und Aktivisten Russell Brand, als er sagte, dass *„wenn man jemanden als Verschwörungstheoretiker bezeichnen würde, du ihm spätestens dann Gehör schenken solltest, denn dann muss er etwas von der Wahrheit verstanden haben. Dann muss er der kollektiven Geisteskrankheit entsagt haben"*.

Natürlich ist Sprache ein wirkungsvolles Hilfsmittel zur Unterscheidung. In einer gewissen Phase, nämlich einer Phase der Findung und des Wandels, muss klar unterschieden werden, wo man hin will und was man nicht mehr möchte. Meine Mentoren haben das einmal ELEGANTES BEWERTEN genannt. Es bedeutet, aus einer höheren Erkenntnis heraus festzustellen: So sieht eine lebenswerte Welt aus und so – und damit in eine andere Richtung zeigend – eben nicht!

Elegant zu bewerten bedeutet, nicht aus einem emotionalen Zustand heraus zu beurteilen, sondern von einem Punkt der bewussten Erkenntnis etwas klar zu sehen. An dem Punkt sollte etwas zu finden sein, was gemeinhin als *gesunder Menschenverstand* bezeichnet wird.

Nachdem man elegant bewertet hat, kann man auch mal wütend über etwas sein und eine missliche Lage als *unerträglich* bezeichnen. Wut kann bekanntlich ein Antrieb dafür sein, Veränderung zu bewirken. Auf keinen Fall dürfen diejenigen, die einen lebensfreundlichen inneren Kompass haben, sich mundtot machen lassen. Die Stimme zu erheben, ist aktuell für viele der kraftvollste Ausdruck des Menschseins.

An dieser Stelle möchte ich dich für den achtsamen Gebrauch von Sprache sensibilisieren. Allein darüber könnte man ein Buch schreiben und du hast sicherlich auch schon Einiges zu dem Thema gehört.

In der Wahrheitsbewegung wurden wir in die Thematik eingeweiht, dass wir laut unseres PERSONALausweises in wohn-HAFT stecken und als Personal der Firma Deutschland dienen, und dass Eltern lediglich ERZIEHUNGSBERECHTIGTE sind. Überlege dir mal, dass du demnach das *Recht* hast, dein Kind zu *erziehen*. Was für ein geistiger Sondermüll!

Andererseits sagen sie es uns dadurch sogar ins Gesicht, was wir für sie sind und was sie von uns halten. Ohne nun näher drauf einzugehen, möchte ich hiermit nur daran erinnern, dass Sprache Realität erschafft und wir uns nun aus diesem Realitäts-Gefängnis befreien können, indem wir die Strukturen aufdecken und sie überwinden beziehungsweise verlassen.

Hier ein paar Beispiele von manipulativem Sprachgebrauch:

- **Nachrichten** – nach(her) (be)richt(ig)en, nachbessern und damit lügen
- **unterrichten** – nach unten richten
- *„Erst die Arbeit, dann das Vergnügen."* – heißt: Arbeit ist kein Vergnügen
- *„Ich bin krank."* – unveränderbarer Zustand

- *„Ich habe Krebs."* – er besetzt mich und ich werde ihn nicht mehr los. Besser wäre, zu sagen: *„Es gibt eine Energieblockade im Körper und ich kann etwas für den Energiefluss tun, indem ich z.B. gesund lebe."*
- **kriegen** (Krieg) lieber: *bekommen*

Achte von nun an auf deine Sprache. Woher kommen die Worte oder Wortbestandteile? Wie schwingen sie? Wie klingt meine Stimme, wenn ich es sage? Wie fühle ich mich bei der Aussage? Verwende unbedingt das Wort MENSCH statt das Wort PERSON.

Wichtig ist, sich dessen bewusst zu sein, ob man grade etwas sagt, das zur Verbindung/Gemeinsamkeit oder eben zur Trennung beiträgt. Obgleich beides seine Daseinsberechtigung zur rechten Zeit hat, ist hierbei Achtsamkeit geboten, denn Sprache hat eine wirksame Schwingung.

Unser abgetrenntes Selbst, auch Ego-Verstand genannt, erzeugt eine Art Sprachbarriere – die Barriere zwischen Herz und Verstand. Was es also zu überwinden gilt, würde ich als die installierte Sprachbarriere bezeichnen. Wenn wir lernen, wieder mit unserer Herzintelligenz, Intuition und telepathischen Fähigkeit zu kommunizieren, entwickeln wir uns gradewegs wieder in das Einheitsbewusstsein hinein.

Dir ist sicherlich schon einmal aufgefallen, dass wir Auseinandersetzung und Konflikt selten durch Worte und Argumente gelöst haben. Worte, auch wenn sie der Unterscheidung zwischen „gut und böse" oder „wahr und falsch" dienen, schaffen Trennung. Etwas zu unterscheiden, mag erst einmal wichtig erscheinen, führt aber oft auch zu einer Art Trennung oder Abstand. Von klein an wird uns beigebracht, dass wir gut argumentieren müssen, um erfolgreich zu sein. Wir streben danach, recht zu haben. Wir schulen unseren Verstand, besonders in Bildungseinrichtungen, darauf, mit ausgeklügelten Denkweisen zu beweisen, dass das, was wir behaupten, richtig ist. Dabei verlernen wir immer mehr, auf unsere innere Stimme zu hören, die lange vor jedem Argument schon weiß, was wirklich wahr ist.

Das wirklich Wahre fühlen wir. Auch wenn wir es nicht erklären können oder keine Argumente dafür finden können, wissen wir tief im Innern, dass es wahr ist. Wenn dann von außen die Stimmen auf uns einreden, dass wir es doch beweisen und belegen sollen, kapitulieren viele und geben sich wieder den *vernünftigen* Argumenten hin.

Für die Menschen der neuen Zeit sind Vernunft und Intuition miteinander verwoben. Sie sind untrennbar miteinander vereint, sodass es kein Hin und Her mehr gibt. Wir treffen intuitiv Entscheidungen mithilfe unseres Herz-Kompasses, weil wir wissen, dass diese vernünftig sind für alle Beteiligten. Auf diese Weise *denkt* unsere Vernunft immer ganzheitlich, weil sie nicht isoliert für sich allein arbeitet, sondern das größere Ganze mit einbezieht. Wenn wir also in der Sprache des Herzens, die absolut jedes fühlende Wesen versteht, kommunizieren, bauen wir Brücken statt Mauern zu anderen Wesen. Dann fühlen wir wieder, dass wir letztlich alle EINS sind.

Der junge, erwachte Meister Robin Kaiser – Psychologe (M.Sc.), Autor und Inspirationsgeber für eine neue Erde – fragte das kosmische Feld einmal nach unserer zukünftigen Form der Kommunikation und erhielt die Antwort, dass unsere Stimmbänder ursprünglich dafür konzipiert waren, zu singen, und nicht zu sprechen. Irgendwann würden wir dann wieder telepathisch miteinander kommunizieren. Das halte ich auch für wahrscheinlich und freue mich jetzt schon darauf.

### 4.1.3. Geographisch-politische Linien

Wir können davon ausgehen, dass unsere Erde eine eigene Seele hat. Kannst du dir vorstellen, dass die Erde sich der einzelnen Länderbezeichnungen bewusst ist? Sicherlich nicht. Es wäre für sie bestimmt eine seltsame Vorstellung, die Schönheit ihrer Landschaft mit Landesgrenzen zu durchschneiden.

Der Mensch in seinem Hochmut hat die Erde in Länder, Städte und Dörfer einge*teil*t, um Kontrolle auszuüben, Besitzansprüche geltend zu machen und seine Macht zu demonstrieren. All dies geschieht aus den niedersten Instinkten wie Selbstsucht, Habsucht und letztlich Angst. Zwar ist es der Erdenseele egal, wie man einen bestimmten Abschnitt ihres Bodens nennt, aber es ist ihr nicht egal, dass darauf dann Krieg geführt wird, um gewisse Machtansprüche geltend zu machen. Auch tut es ihr weh, wenn ihre Oberfläche durch den Raub von Bodenschätzen beschädigt wird.

Die von Menschen gesetzten Grenzen gelten für die Erde nicht. Was für sie von Bedeutung ist, sind die Energielinien – die Leylines – und die Elementarwesen, welche die Natur bewohnen und harmonisieren sowie die Seelengemeinschaft, die an einem bestimmten Ort lebt und dort die entsprechende Energie ausstrahlt. Was wir also konkret tun können, ist die Umwelt so wenig es geht zu belasten, weniger zu konsumieren, weniger schmutzige Brennstoffe zu verbrauchen und dem Boden zu helfen, wieder regenerieren zu können. Auf das Thema Humusboden kommen wir später noch eingehender zu sprechen.

Die Erdenseele kann durch uns Menschen, die ihre Seelen nun wieder vollständig in ihre dreidimensionale Verkörperung einfließen lassen, in gleicher Weise ganz in die physische Erde hineinschlüpfen. Wir dienen ihr sozusagen als Geburtshelfer.

## 4.1.4. Die Industrialisierung

Sie ist vor rund 200 Jahren installiert worden, um den Menschen den Virus des Materialismus einzuimpfen. Was uns als Wohlstand verkauft wurde, dient der Unterhaltung des Sklavensystems. Man beachte hier das Wort *unterhalten*. Es sagt uns, das wir dadurch *unten gehalten* werden.

Wer bis dahin friedlich auf seinem Familienlandsitz Ackerbau betrieben und sein Vieh gezüchtet hatte, wurde nun angespornt, hart zu arbeiten, um sich Dinge zu kaufen, die er bis dahin gar nicht brauchte, oder im schlimmsten Fall, um zu überleben, weil er im Zuge dessen enteignet worden war. Die Industrialisierung brachte als Vorbotin des Kapitalismus und der Globalisierung die Gedanken des Getriebenseins in unsere Köpfe. Höher, schneller, weiter sollte es stetig gehen. Wachstum um jeden Preis. In der heutigen Zeit werden diese Prinzipien auf perverse Weise ad ultimo getrieben. Es wird uns suggeriert, immer die neueste Version eines Handys oder eines Computers zu kaufen, um noch schneller und toller zu sein. Wir bilden uns ein, durch die Kommunikations-Technik doch total verbunden mit der Welt zu sein. Ich würde behaupten, dass genau das Gegenteil der Fall ist. Echte Verbindung zu anderen Menschen und der Natur, die uns umgibt, finde ich nicht in sozialen Medien. Dort offenbart sich das Prinzip „Mehr Schein als Sein". Echte Verbindung können wir nur empfinden, wenn wir mit unserem ganzen Sein und unserer vollständigen Aufmerksamkeit mit jemandem zusammen sind.

Eine echte Verbindung zur Natur können wir nur empfinden, wenn wir sie mit unseren Sinnen wahrnehmen, wenn wir sie riechen, schmecken, hören, sehen und auf der Haut spüren. Genau dafür haben wir unsere Sinnesorgane. Eben für das echte Leben.

In was für einer Welt leben wir eigentlich? Es gibt Leute, die in sozialen Medien ausschließlich Fotos von sich selbst hineinstellen, oder schlimmer noch, dann auch noch sinnloses Zeug erzählen. Sie sehen sich selbst als Produkt oder als Marke. Getrennter könnten sie von ihrer göttlichen Quelle nicht sein.

Wenn wir in der Öffentlichkeit Gruppen von Menschen sehen, wo jeder Einzelne in sein Handy starrt, kann einem nur mulmig zumute werden. Man hat jeglichen Kontakt zu sich selbst, seiner Natur, und damit auch zu den Menschen, die einen umgeben, verloren.

Die Industrie will uns weismachen, dass wir nicht *genug haben* und vor allem, dass wir dadurch nicht *genügen*. Es wird uns ein Minderwertigkeitskomplex eingeredet, damit wir kaufen, was das Zeug hält. Wir arbeiten uns kaputt, um zu konsumieren. Ist das nicht total geisteskrank?

Also was tun, um aus dieser Konsum-Schleife heraus zu kommen? Ich würde sagen, wir können das Prinzip „Der Kunde ist König" ruhig einmal richtig herum anwenden und einfach nichts mehr kaufen, das keinen Sinn macht und das wir nicht brauchen.

In diesem Zusammenhang ist das Thema Arbeit natürlich auch erwähnenswert. Lass uns die Frage beantworten, ob wir einen Job machen, den wir hassen, nur um Geld zu verdienen. Daran können wir nur selbst etwas ändern.

Sich aus diesem System zu befreien, geht für die meisten bestimmt nicht von heute auf morgen, aber sich dieser Mechanismen bewusst zu werden, ist sicherlich der erste Schritt. Dann wird es leichter, Entscheidungen für uns zu treffen, die unserer Entwicklung dienen. Da das Leben für uns arbeitet, wird es uns von da an Hinweise und Wegweiser bereitstellen. Dann ist es an uns, diese wahrzunehmen, und nicht an ihnen vorbei zu laufen. Dann wird alles besser und wir werden belohnt durch „zufällige" Begegnungen mit helfenden Kräften, oftmals in Menschengestalt. Vielleicht finden wir auf diesem neu eingeschlagenen Weg auch unsere Berufung, die wir mit Herzblut leben können.

Wenn man sich bestimmten Vorgaben nicht beugen möchte, kann man sich nach Alternativen umschauen. Zum Beispiel gibt es Jobbörsen für die „Gesunden", die von den anderen auch als „Ungeimpfte" bezeichnet werden. Oder man schließt sich einer Lebensgemeinschaft an, wo man auch arbeiten kann oder engagiert sich in einem internationalen Projekt (Empfehlungen dazu auf Seite 181).

### 4.1.5. Das Geldsystem

Es ist ein Instrument des Kapitalismus, welches installiert wurde, um diejenigen, denen von vornherein der Zugang zum Geld verwehrt wurde, in Abhängigkeit zu halten. Die Marktwirtschaft arbeitet mit dem Konzept der Verknappung und des Mangels, um die Menschen mit Gedanken des Mangels, der Habsucht und der Angst zu vergiften.

Das Finanzsystem folgt künstlich gesteuerten Mechanismen und hat mit echten Werten oder Wertschöpfung nichts zu tun. Ein Geldschein ist in Wirklichkeit nicht mehr wert als das Papier, auf dem er gedruckt ist. Er hat nur einen virtuellen Wert, der aber jederzeit extrem verändert werden kann, und zwar von ein paar wenigen. Der Wert von echten Rohstoffen dieser Erde wird sogar absurderweise von Computern gesteuert. Lebensnotwendige Ressourcen werden von der sogenannten Künstlichen Intelligenz (KI) gesteuert. Dieses System ist wahnsinnig und daher zum Scheitern verurteilt.

Zurzeit wird auch von der Wahrheitsbewegung gewarnt, dass das Finanzsystem wie eine Seifenblase zerplatzen könne. (Die Wahrheitsbewegung setzt sich zusammen aus unabhängigen Investigativ-Journalisten und Experten aus sämtlichen Fachgebieten. Jeder mit gesundem Menschenverstand gehört natürlich auch dazu.) Natürlich macht das vielen Menschen Angst, weil sie ihre Existenz auf dessen Grundlage identifizieren. Doch das Phänomen, dass Existenzen seit Jahren kaputtgehen, oder anders ausgedrückt, dass Menschen ihr Leben komplett umkrempeln müssen, dürfen wir etwas reflektierter betrachten. Denn so schlimm solch ein Schicksal auf individueller Ebene auch erlebt wird, so groß ist die Chance aus einer ganzheitlichen Sichtweise. Sie ist nämlich ein Auslöser oder Beschleuniger für nachhaltige Veränderung im großen Stil.

Warum ist die Zerstörung des Finanzsystems Fluch und Segen zugleich, und was bedeutet das für unsere Zukunft? Es gibt also zwei Möglichkeiten, dies zu betrachten. Einerseits wurden die Angestellten durch die Impf-Kampagne gezwungen, sich zu entscheiden, und konnten dann teilweise nicht mehr in ihrem Beruf arbeiten. Genauso wurden die Freiberufler, Gastronomen und Künstler mit Hilfe des Lockdowns und der Beschränkungen von der Arbeit abgehalten. Dadurch wurde ihre finanzielle Existenz bedroht oder ist sogar gescheitert.

Der Fluch besteht darin, dass uns das System, das wir als unzerstörbar geglaubt hatten, um die Ohren geflogen ist, was sicherlich großen Schmerz und enorme Angst freisetzen kann. Der Segen bei all dem ist allerdings, dass durch die Mikrobenkrise der kollektive Aufwach-Prozess an Fahrt aufgenommen hat, und dabei so viel Energie aktiviert wird, dass der Entstehung einer freien Lebensweise nichts mehr im Weg steht.

Wenn man also seinen Job oder sein Geschäft verloren hat, bekommt man dadurch auch die Möglichkeit, sein Weltbild zu überdenken, und mit klarer Ausrichtung etwas Neues aufzubauen. Vielleicht nicht allein, sondern mit anderen zusammen. Es geht ja nun um ein größeres Miteinander.

Fragst du dich, warum ein solch drastisches Aufwach-Programm nötig ist? Hier ein Erklärungsmodell: Der Mensch lernt grundsätzlich durch Freude oder Schmerz. Die meisten fallen leider in die zweite Kategorie. Das Aufdecken von Illusionen bereitet dem Menschen teilweise Schmerzen, dann aber auch Freude beim Loslassen eben dieser. Und wo tut es dem normalen Menschen gewöhnlich am meisten weh? Im eigenen Geldbeutel, nicht wahr? In Sachen finanzieller Sicherheit muss es demzufolge zum Loslassen von Illusionen im großen Stil kommen.

Die Rentenblase ist eine dieser Illusionen. Viel Geld wird für die Pensionen ausgegeben, ohne dass der Staat genug Rücklagen bildet. Früher haben mehrere Erwerbstätige einen Rentner *versorgt*. Aufgrund der steigenden Rentnerzahlen und der fallenden Anzahl der Erwerbstätigen kann diese Rechnung irgendwann nicht mehr aufgehen und es wird einfach kein Geld mehr dafür zur Verfügung stehen. Jeder Angestellte hat Rentenpunkte, die einen Betrag X wert sind und variieren. Wenn es irgendwann kein Geld mehr dafür gibt, wird sicherlich anderweitig von der Regierung versucht werden, es zu beschaffen. Das installierte Geldsystem beruht auf zu vielen unsicheren und künstlichen Variablen, und muss wie jedes unnatürliche und lebensfeindliche System irgendwann kippen. Die aktuell hohe Inflationsrate könnte als Vorbotin des Zusammenbruches betrachtet werden.

Es ist unübersehbar, dass vielerorts kein Bargeld mehr akzeptiert wird, besonders im Ausland. Die Agenda der Elite sieht vor, dass wir komplett vom digitalen System abhängig gemacht werden, weil sie uns dann am besten kontrollieren und steuern können. In China sind bereits alle persönlichen, und dazu zählen auch medizinische und finanzielle Informationen, auf dem Handy gespeichert, was man dementsprechend stets bei sich tragen muss, wenn man in einer Großstadt lebt. Es gibt sogenannte Sozialpunkte, die man vorweisen muss. Das Perfide daran ist, dass man durch den Begriff Sozialpunkte suggeriert, dass es sich hierbei um etwas Positives handelt, und man sich dadurch solidarisch zeigt und zur Gemeinschaft beiträgt. Die Daten geben somit Aufschluss über den Impfstatus und das Bankkonto und entscheiden damit, ob man einen Job bekommt, einkaufen kann oder einem der Zutritt zu einer öffentlichen Einrichtung gewährt wird. Das heißt im Klartext: Wenn man sich nicht schön brav impfen lässt, gibt's nichts mehr auf die Gabel. Zu dieser Agenda gehört auch, dass den Menschen ein Mikrochip unter die Haut implantiert wird, auf dem all diese Daten gespeichert sind.

Es gib bereits Menschen, die das mit sich machen lassen haben. Wenn wir also eine Neue Weltordnung der absoluten Kontrolle wollen, sollten wir einfach alles akzeptieren, was man uns vorsetzt und beim geplanten Transhumanismus mitmachen.

Ich bete dafür, dass du soeben großen Widerstand empfunden hast. Wenn nicht, wach jetzt bitte unbedingt auf!

Hier zur Abschreckung das real existierende Horrorszenario: Auf einer zweidimensionalen Zeitlinie gibt es den benannten Transhumanismus bereits. Darin bewegt sich alles in einem digitalen Hologramm, also in Zahlen. Viele Menschen folgen dieser Entwicklung bereitwillig und sehen sie als fortschrittlich an. Manche sagen auch einfach, dass *„man sie nicht aufhalten könne"* und dass *„es ja so kommen müsse"*. Wenn ich so etwas aus dem Mund eines Menschen höre, der sich als „aufgeklärt" bezeichnet, löst das ehrlich gesagt meine Zweifel an seinem gesunden Menschenverstand aus.

Wenn wir uns an unsere Seele erinnern, wird sie uns den Weg aus dieser niedrigen Schwingung der zweiten Dimension weisen. Erinnere dich, wer du bist, und dann entscheide dich gegebenenfalls neu. Falls du schon mit einem Fuß in der Schlinge der sogenannten Künstlichen Intelligenz bist, die nebenbei bemerkt natürlich alles andere als intelligent ist, befreie dich aus ihren Fängen. Nutze deinen gesunden Menschenverstand!

Lass uns wach bleiben und überlegen, wie wir in Freiheit leben können. Am besten, wir machen uns jetzt schon Gedanken darüber, welches Tausch- oder Währungssystem an die Stelle des Geldes treten könnte. Die Frage ist, ob wir eigentlich langfristig überhaupt so etwas wie Währung brauchen. Als Übergangslösung ist Regionalwährung vielleicht ein probates Mittel. Allein schon deshalb wird regionale Vernetzung und Dorfgemeinschaft immer wichtiger. Das ist auch der Grund, warum es vom Mainstream unterbunden und zum Beispiel behauptet wird, dass die Bewohner von selbstversorgenden Gemeinschaften „rechtsextrem" ausgerichtet seien – eine immer wieder gern verwendete Diffamierung, um die unabhängigen Selbstdenker zu verunglimpfen.

Der Weg in unsere Freiheit besteht darin, dass wir erkennen, dass wir nicht viel Geld benötigen, um glücklich zu leben. Wenn ich ein innerlich erfülltes Leben führe und somit weniger im Außen benötige, das heißt, mir weniger Dinge kaufe, entspannt sich mein Verhältnis zu Geld. Dann wird genauso viel Geld, wie ich tatsächlich benötige zum Leben, den Weg zu mir finden. Geldsorgen sind eine Folge von existenziellen Ängsten, die uns plagen. Wir sollten daran arbeiten, diese Ängste loszulassen. Das rechte Maß ist in diesem Zusammenhang wünschenswert. Schulden zu machen, ist keine Option, denn dies führt in die Abhängigkeit, die täglich zu spüren ist, und wie ein Damoklesschwert über einem schwebt.

Wenn wir unsere Berufung finden und nur so viel arbeiten, wie wir mit Freude diese Berufung ausführen können, genügt es vielleicht, nur 15 Stunden in der Woche für Geld tätig zu sein. Ein Job, der uns runterzieht und den wir ungern ausführen, kostet Kraft und Ressourcen. Vor allem kompensieren wir unsere Unzufriedenheit oftmals mit Konsum. Diesen Kreislauf gilt es zu durchbrechen.

Was das digitale Geldsystem betrifft, so können wir einfach ausschließlich in bar zahlen, wenn wir etwas analog kaufen, um dem entgegenzuwirken. Eine Vision der Freude lässt uns ein neues Feld der Fülle erschaffen. Schauen wir mal, ob Geld dann noch eine Rolle spielt. Ich glaube eher nicht.

## 5. Nicht wir müssen aus dem System raus – das System muss aus uns raus!

Der viel zitierte und analysierte Film »Matrix« hat uns alles gezeigt, was es zu überwinden gibt auf dem Weg in die Freiheit. Im Matrix-Film geht es um einen Mann, der eine versklavte Gesellschaft zur Revolte gegen die Diktatur der Computer führt. Dieser Mann glaubt, ein normales Leben im Jahre 1997 zu führen, doch er findet heraus, dass die bestehenden Strukturen eine Illusion sind und die Menschen schon lange von den Computern ausgebeutet werden. Der *neue* Mensch, der im Film bezeichnenderweise *Neo* genannt wird, muss seine komplette Identität aufgeben und eine „rote Pille" schlucken, um für immer aus der Matrix herauszutreten. Danach gibt es kein Zurück mehr.

Der heutige, moderne Matrix-Mensch im Jahr 2023 lebt in einem Gefängnis aus Illusionen und glaubt, frei zu sein, nur weil er sich vielleicht kaufen kann, was er will. Er hat sozusagen die *freie* Auswahl seiner Mahlzeit in der Gefängniskantine. Die Selbsttäuschung könnte nicht größer sein. Wie Goethe schon sagte: *„Am meisten ist der versklavt, der glaubt, frei zu sein."*

Aus der 3D-Matrix auszusteigen, heißt in die echte Freiheit zu gehen. Wenn man sein Leben lang in der Matrix lebt, weiß man nicht, was die Matrix ist, und man kennt keine echte Freiheit. Als Kinder werden wir bereits geprägt, in der Matrix zu denken und zu handeln. In der Schule werden wir auf unsere Funktionalität im System vorbereitet, und an den Universitäten wird dieses Funktionieren noch verfeinert und gefestigt.

Man kann drei Stadien der Matrix identifizieren:

1. Das *erste Stadium* besteht in der absoluten Abhängigkeit. Hierin leben die meisten Menschen und merken es nicht einmal.

2. Das **zweite Stadium** ist die Unabhängigkeit. Man kann es nur erreichen, wenn man bemerkt hat, in welcher Abhängigkeit man bis dahin gelebt hat. Um in dieses Stadium zu kommen, muss man sich die Frage stellen, ob man die Zeit in die Unabhängigkeit investieren möchte, die es braucht. Denn es gibt keine kurzfristige Lösung für ein lange aufrechterhaltenes Problem. Der Weg ist wie immer das Ziel. Sobald ich mich auf den Weg in die Unabhängigkeit mache, sorgt das Universum dafür, dass ich sie erreiche.

3. Das **dritte Stadium** ist dann die Freiheit. Diese beinhaltet sowohl die volle Verantwortung und Selbstbestimmung, als auch die Gestaltung des eigenen Lebens. Hier kommt es darauf an, ob man es wirklich will, und welchen Preis man bereit ist, dafür zu zahlen. Dieser Preis wird nicht in bedruckten Scheinchen gezahlt, sondern in mutigen Entscheidungen und Handlungen. Hier geht es auch darum, das alt bewährte Mangeldenken loszulassen. Wir sprachen ja bereits darüber, dass das Prinzip „Mangel und Trennung" dafür installiert wurde, um uns klein zu halten. Das Sklavensystem kann nur mit Schafen, die in der Herde laufen, aufrechterhalten werden. Deshalb wurden die Freiberufler und Unternehmer in der Mikrobenkrise am meisten malträtiert.

Und wie kommen wir nun vom Mangel in die Fülle? Da das Leben nun einmal kein Wunschkonzert ist, können wir uns persönlichen Reichtum wünschen bis zum Sankt Nimmerleinstag, er wird nicht kommen. Wenn ich mir etwas wünsche, schöpfe ich aus dem Mangel heraus. Ich will etwas, das ich nicht habe.

Davon abgesehen kommen wir unweigerlich zu dem Schluss, dass *persönliche Bereicherung um jeden Preis* ein Prinzip der dunklen Seite ist. Das können Lichtarbeiter nicht wirklich wollen. Oder willst du wirklich ein Haus, einen Sportwagen oder eine Yacht?

Können wir uns bewusst machen, was unser wirklicher Wunsch ist? Sehr wahrscheinlich ist es die Million auf dem Konto gar nicht, die uns glücklich macht. Wenn ich mein abgetrenntes Selbst loslasse, lande ich unwillkürlich in der Einheit des selbstlosen Raumes, wo es gar kein Wollen mehr gibt, weil ich merke, dass ich schon alles habe.

Das ist die Seinsebene der Fülle. Wenn ich in ihr lebe und weiß, wie es sich anfühlt, etwas Bestimmtes oder alles bereits zu haben, bin ich schon im Feld der Fülle. Dann bin ich wirklich frei, alles zu manifestieren, was nicht nur mir, sondern auch meinen Mitmenschen gefällt. Die Matrix ist ein von einem cleveren Architekten installiertes System. Wir können es nicht ändern, weil es zu viele unsichtbare Hintertüren und Geheimgänge gibt.

Stell dir das wie bei einem Videospiel vor: Du glaubst, du hast eine Ebene überwunden, gehst durch die Tür, und ehe du mit der Wimper zuckst, landest du im nächsten Level der Matrix. Erinnerst du dich, wie die Menschen im Film aus der Matrix herauskommen? Richtig – indem sie den Hörer eines klingelnden Telefons abnehmen. Ich liebe die Metaphorik dieser Szene. Man nimmt den Hörer ab und ist damit „auf Leitung" oder um mal ein englisches Wort zu benutzen, man ist „online".

Das bedeutet: Am anderen Ende der Telefon-Leitung ist Gott höchstpersönlich. Achtung, das war ein Witz! Da es kein anderes Ende der Leitung gibt, wird man sofort wieder auf sich zurückgeworfen. Man lauscht somit der inneren Stimme. Man ist wieder in Verbindung mit der *echten* Welt. Man löst sich komplett aus der virtuellen Welt der Matrix. Man entlarvt die Vorstellung, dass der physische Körper in der virtuellen Realität agiert, als Illusion, und kehrt zurück nach Hause. Man ist wieder auf dem richtigen Pfad.

Wir erkennen somit, dass nicht wir selbst in der Matrix gelebt haben, sondern umgekehrt, sie in uns. Wir müssen folglich nicht aus dem System raus, sondern es muss aus uns heraus. Dann geschieht echte Veränderung nicht nur in uns, sondern auch im größeren Kontext, im morphogenetischen Feld.

Wir erschaffen und nähren es durch unser Sein, unser Denken, Handeln und Fühlen. Dann geschieht das Aufheben der Trennung zwischen dir und Gott. Dann kehren wir zurück zum Einheitsbewusstsein, zur Quelle.

**Abb. 3:** Die niemals endende Matrix kann nur durch unsere bewusste Entscheidung überwunden werden.

## 6. Die Macht des JETZT

Es gibt ein paar wenige Menschen, die bereits dauerhaft im eben angesprochenen Einheitsbewusstsein leben. Für sie gibt es nur die Gegenwart, das Gewahrsein der Allgegenwart Gottes. Einer davon ist Eckart Tolle. Deshalb hat er auch diesem Thema sein Leben gewidmet und ich möchte mir gewiss nicht anmaßen, diesem Genie des Bewusstseins irgendetwas hinzuzufügen. Es sei lediglich an dieser Stelle im Buch ein Wegweiser gesetzt – nur für den Fall, dass dir das Thema bisher fremd ist. Oder einfach, aus purer Lust, neue Zusammenhänge darzustellen.

Aus meiner langjährigen Beratungspraxis kann ich Folgendes behaupten: Es spielt keine Rolle, wann ein Glaubenssatz oder ein Problem entstanden ist. Die Lösung kann nur im JETZT erfolgen, in der vollständigen Anerkennung meines Problems und gleichzeitig meiner Verantwortung darin. Wenn ich akzeptiere, dass ich Schöpfer meiner Wirklichkeit bin, kann ich auch die Lösung in mir finden. Dann übernehme ich die volle Verantwortung für meine Schöpfung und für meine bisherige Sicht der Dinge. Und erst dann kann ich sagen: *„Ab jetzt sehe ich es anders."* oder *„Von nun an mache ich es anders."*

Heilung und Erlösung geschieht, indem ich jetzt in diesem Moment in das ICH BIN hineingehe. Das ist der Raum des absoluten Gewahrseins, wer ich bin, nämlich göttliches Bewusstsein. Diese Form des Wahrnehmungsbewusstseins kann nur im Jetzt-Bewusstsein geschehen – wahrnehmen, ohne zu bewerten und wahrnehmen, was ist. In diesem Moment des gegenwärtigen Gewahrseins erinnern wir uns daran, dass wir selbst aus der göttlichen Quelle stammen. Das Einheitsbewusstsein aus dieser göttlichen Quelle teilte sich im Ursprung in zwei Elemente auf, um sich selbst begegnen zu können.

Aufgrund dieser Schöpferkraft entstanden also viele Seelen, um sich die Welt, wie wir sie kennen, zu erschaffen, damit sie Erfahrungen darin sammeln können. Wenn wir das verstehen, erkennen wir, dass wir alles, was uns geschieht oder was uns begegnet, selbst erschaffen und zuvor gewählt haben – auch wenn das aus einem getrennten Bewusstsein heraus sehr schwer zu begreifen ist. Im von der göttlichen Quelle getrennten Bewusstsein leben wir in der Welt der Polarität und Dualität. Wir teilen ein in gut und schlecht, positiv und negativ. Es erfüllt uns womöglich mit Schrecken, dass wir das alles selbst erschaffen haben sollen, nicht wahr? Versuche dir aber vorzustellen, dass es in der Welt der Seelen keine Einordnung, keine Unterteilung in dieser Form gibt. Alles ist Erfahrung, der wir vorher als Seele zugestimmt haben, diese zu machen.

Vielleicht fragst du dich, wie wir unser Wahrnehmungsbewusstsein, welches uns immer in die Gegenwart führt, entdecken und fördern können. Bist du schon einmal in Stille in die Natur gegangen? Ohne Landkarte, ohne Plan und ohne zeitliche Begrenzung? Wenn du diese Fragen verneinst, würde ich vorschlagen, eine nächste Gelegenheit dafür zu nutzen, es nachzuholen. Und wenn du dann dort bist, nimm alles so wahr, als würdest du es zum ersten Mal sehen, mit dem Staunen eines Kindes. Vor allem aber benenne nichts.

Denke nicht: *„Das da ist ein sehr hoher Baum."* oder *„Der Wind ist ganz schön kalt."* oder *„Die Strommasten stören mich aber."* oder *„Die Windräder sind hässlich.".* Stattdessen nehme einfach mit allen Sinnen wahr, wie es sich anfühlt, ganz im Hier und Jetzt zu sein, ohne ein Konzept, ohne eine Vorstellung, eine Benennung von irgendetwas. Wenn du das schaffst, befindest du dich im Wahrnehmungsbewusstsein.

Wenn du Lust hast, gehe dann noch einen Schritt weiter und gehe durch das Gegenwartstor hindurch. Das gelingt dir dadurch, dass du beim Gehen auch noch das Konzept von Zeit und Identität loslassen kannst. Spüre einfach die Bewegung deines Körpers, und vielleicht vergisst du, wer du einen Moment vorher noch warst, und findest dich auf einer anderen Zeitlinie wieder. In dieser parallelen Existenz entdeckst du andere Facetten deiner Seele, in einer anderen Zeit, mit einer anderen Lebensaufgabe.

Wir können uns das als Bewusstseinserweiterung vorstellen, die wir selbst trainieren können. Dazu benötigt man keine psychoaktiven Substanzen. Meine Empfehlung in diesem Zusammenhang wäre, dass du dein geistiges Team, deine geistigen Begleiter, bittest, dich zu geleiten und zu beschützen auf dem Weg. Auch wenn du sie bisher nicht kennst, kannst du sie trotzdem bitten, denn sie hören dich immer und freuen sich, dich zu unterstützen.

Bestimmte Leute würden nun sagen, dass solche Erfahrungen gefährlich seien, da man ja nicht mehr unterscheiden könne, was *Realität* sei. Nun, dem würde ich entgegnen, dass der Otto-Normal-Verbraucher zuweilen das für *real* hält, was er sehen kann. Gemäß diesem Konzept gäbe es keine Liebe, keine Gefühle und schon gar keine Freiheit. In unserer Gesellschaft besteht die Geisteskrankheit darin, dass wir komplett aus unserer göttlichen Anbindung herausgefallen sind und uns mit dem Verstandesdenken identifizieren. Es wird durch unser abgetrenntes Selbst repräsentiert. Viele nennen es auch das Ego. Die einzige Aufgabe des Egos besteht darin, uns darauf zu konditionieren, dass wir möglichst nur die grobstoffliche Welt betrachten, also die dreidimensionale Ebene unseres Körpers und der Materie um uns herum.

Dieser Materialismus führt dazu, dass wir die sogenannte Wissenschaft und die Technokratie anbeten und hochstilisieren. Wir denken, durch den angeblichen Fortschritt hätten wir uns weiterentwickelt, aber genau das Gegenteil ist der Fall, denn wir haben uns rein menschlich und bewusstseinsmäßig zurück entwickelt. Naja, die Mehrheit jedenfalls...

# 7. Das Ego

Sowohl in der Pädagogik als auch in der Psychologie der „zivilisierten" Welt ist man darum bemüht, das Ego eines Kindes zu fördern. Der Grund dafür liegt darin, dass ein Mensch mit einem ausgeprägten Ego ein guter Käufer im System ist. Er nimmt seine Bedürfnisse sehr ernst und die suggerieren ihm, dass er alle möglichen Dinge benötigt, um sich gut zu fühlen. Ein guter Käufer ist dementsprechend auch willens, im Sklavensystem zu schuften.

Auch hier lohnt es sich wieder, genauestens hinzuschauen. Es gibt auch in der spirituellen Szene ein ausgeprägtes Ego-Gerangel. Manche sagen sogar, es sei nicht wünschenswert, das Ego zu überwinden, weil daraus ja schließlich eine wünschenswerte Ich-Stärke erwachse. Dr. Joe Dispenza nennt seine Methode sogar „Dein neues Ich". Der Neurowissenschaftler gibt seinen Klienten Meditationen mit auf den Weg, damit sie im Zuge ihrer Selbstoptimierung eine bessere Gesundheit erlangen oder weniger Stress erleben. Für den stressgeplagten Westler mag das sicherlich hilfreich sein und es schadet gewiss nicht, sich aus dem Alltag auszuklinken, doch gehört für gelebte Spiritualität aus meiner Sicht noch etwas mehr dazu.

Lass uns das Ego einmal wie ein Sherlock Holmes unter die Lupe nehmen. Holmes ist ja nicht nur intelligent, sondern auch genial. Er würde die Frage vermutlich so formulieren: *„Woran erkennen wir ein ausgeprägtes Ego denn eigentlich?"* Nun, er würde wohl zu dem Schluss gelangen, dass man es an einem starken Drang nach Geltung, Selbstdarstellung, Bestätigung und Anerkennung erkennt. Prominente Speaker, Musiker, Models und Autoren bedienen die Matrix am besten durch ihr aufgeblasenes und unerlöstes Ego.

Mit ihrem überdimensionierten Ego geraten nicht nur sie selbst in die Ego-Falle, sondern reißen ihre Zuhörer gleich mit hinein. Nur wenige, nämlich diejenigen, die ihrem Ego auf die Schliche kommen, durchschauen das Spiel. Sie gehen den Weg vom ICH zum WIR. Sie verstehen, dass es nicht darum geht, sich persönlich zu bereichern oder zu profilieren, sondern darum, die Welt für alle Lebewesen lebenswerter zu machen.

Das heißt aber genauso wenig, dass wir selbstvergessen andere anhimmeln und damit deren Ego stärken. Sich selbst kleinzumachen und andere auf den Sockel zu stellen, ist auch ein Ego-Spiel – ein ganz schön verdrehtes noch dazu. Diejenigen, welche die Prominenten anhimmeln, welche Mirko Betz die „Nix-Checker" nennt, halten das Matrix-Spiel genauso am Laufen.

Das Ego ernährt sich darüber hinaus von Meinungen und Standpunkten. Also erkennen wir ein ausgeprägtes Ego auch daran, dass jemand seine Meinungen vehement gegen andere verteidigt und sie als unumstößlich darstellt. Das Problem dabei ist nur, dass eine Meinung, die aus dem Ego heraus geboren wird, sich schon morgen ändern kann. Da das Ego ja ständig ums Überleben kämpft, muss es sich dementsprechend auch anpassen an die äußeren Umstände. Also wenn der Narrativ sich ändert, so wie die Windrichtung, dann muss sich das Fähnchen auch nach dem Wind richten. Also Vorsicht bei Meinungen! Was wir in turbulenten Zeiten benötigen, ist eine klar ausgerichtete Haltung. Die Haltung eines Menschen bestimmt sich durch die Kombination aus Seele und Substanz.

Falls sich nun in dir ein Widerstand regt, der behauptet, man müsse doch einen Standpunkt vertreten, so lass uns doch unterscheiden zwischen einer Meinung und einer auf lebensfördernden Werten basierenden Erkenntnis, die in Einklang mit unserer Herzintelligenz steht. Was tut ein bewusster Mensch?

Er lebt diese Erkenntnisfähigkeit mit jedem Atemzug. Sie strömt durch sein ganzes Sein hindurch, und wenn es nötig ist, verbalisiert er sie ohne großes Aufhebens. Es ist nicht nötig, dabei auf seinem Standpunkt zu beharren. Es genügt zu akzeptieren, wenn jemand unsere Sicht nicht teilt und eine andere vertritt.

Übrigens kannst du deinem Ego auch auf die Schliche kommen, indem du merkst, dass es automatisch ungefragt alle vermeintlichen Widersprüche aufdecken will. Natürlich wird es auch hier im Buch Widersprüchliches finden, weil es danach sucht. Dann kann es sagen *„Ha! Ich habe Recht!"* Und dann sage ich: *„Na und? Bist du nun glücklicher?"* Und die Antwort wird *„nein"* sein.

Als ich beispielsweise vorhin davon sprach, dass geographische Grenzen künstlich installiert wurden, hätte dein kritischer Verstand einwenden können, dass laut jener These dann kulturelle Identitäten schließlich auch überwunden werden müssten, da sie genauso künstlich installiert seien. Wenn man geradlinig, also von A nach B denkt, stimmt das sicherlich. Aber wenn man die Wirkung einer Kraft, wie in dem Fall die eines Kulturkreises, sternenförmig wahrnimmt – und das ist dem Ego nicht möglich –, entsteht auf einer anderen Ebene eine Wirklichkeit, die dem Ego einfach entgeht. Die Kraft eines Stammes oder eines Kulturkreises ist so gesehen etwas Natürliches und nicht etwas Künstliches. Das Künstliche ist das von außerhalb des Stammes oder Kulturkreises zum Zweck der Manipulation Hinzugefügte.

Wir erkennen das Ego daran, dass es immer etwas findet, das es zu kritisieren gibt. Es sucht immer nach einem Fehler. Am besten gelingt ihm dieser Job bei uns selbst.

Glaubenssätze wie

*„Das kann ich nicht!"*
*„Ich bin nicht gut genug."*
*„Ich muss erst noch… damit ich dann…"*

werden von ihm solange heruntergebetet, bis sie unser tägliches Gedanken-Mantra werden, ohne dass wir es merken.

Perfektionismus und Minderwertigkeitskomplexe sind Pathologien des kleinen Egos, welches sich dadurch groß fühlt. Es fühlt sich dadurch groß, dass es uns erfolgreich klein macht. Und verstehe mich hier bitte richtig: Wir benötigen einen kritischen Verstand zum Hinterfragen von präsentierten Informationen. Gegen Kritik ist an sich nichts einzuwenden. Wenn sie jedoch nur Mittel zum Zweck ist, und nichts Gutes oder Konstruktives erschafft, ist sie letztlich nur heiße Luft. Die Kritiksucht erschafft ein verzerrtes Bild der Welt, nämlich eine sehr düstere *Realität*.

Betrachten wir nur einmal die Medienwelt. Die Nachrichten bestehen normalerweise aus negativen, herunterziehenden und sensationssüchtigen Botschaften. Das Ego des Journalisten bedient das Ego des Konsumenten. Etwas Aufbauendes und Positives kann man im Mainstream kaum finden. Das Ego ist also wie ein Computer, der nur von A nach B rechnen kann.
Die Herzintelligenz ist im Gegensatz dazu eine Strahlkraft, die sich in alle Richtungen gleichzeitig ausdehnt. Und zwar so schnell, dass das Ego völlig überfordert wäre bei der Vorstellung.
Also gestatte mir, dafür zu plädieren, das Ego zu überwinden. Am besten geht das, wenn wir keine Gelegenheit auslassen, in unser Herz hinein zu spüren und unserer inneren Stimme zu lauschen.

Man könnte sich auch bei allen wichtigen Situationen immer die Frage stellen: *„Wie würde die Liebe entscheiden?"* oder *„Was würde die Liebe sagen?"* Hier ist die reine, bedingungslose Liebe gemeint und nicht die persönliche, romantische Liebe. Ohne spirituelle Anbindung geht es also nicht.

In den Raum, wo Geist und Seele vereint sind, können wir gehen, wenn wir den Monkey Mind, also den ständig ratternden Verstand, wieder leeren. Der Mystiker Osho entwickelte die *No-Mind-Meditation*, bei der man Gibberish, also eine Sprache, die man nicht kennt, brabbelt und danach in die stille Leere hineinfällt. Probiere es einmal aus. Es wirkt. (Die Anleitung zu dieser Meditation findest du unter www.osho.com/de)

Am Anfang dieses Kapitels sprach ich ja davon, dass in unserer Gesellschaft das Ego im Übermaß aufgebläht wird. Der Grund dafür ist, dass es bei näherer Betrachtung dem abgetrennten Selbst entspricht, von dem ich hier öfter spreche. Eine unerlöste Form des Egos ist dementsprechend der Egoismus. Man spricht kurioserweise von *gesundem* Egoismus. Das ist eine verdrehte These unserer verrückten Gesellschaft.

Eine beliebte Beziehungskonstellation ist der (meistens die) Empath(in) und der Egoist. Wenn du Empath(in) bist, und das bist du sehr wahrscheinlich schon allein deswegen, weil du dieses Buch liest, weißt du sofort, was ich meine. Meistens gesellt sich ein ausgeprägtes Helfer-Syndrom zu dem empathischen Menschen. Es meint, alle retten zu können.

Aus eigener Erfahrung kann ich dir dringend davon abraten, jemanden retten zu wollen. Ich habe in dem Zusammenhang noch von keinem Erfolgserlebnis gehört.

Ganz spitzfindige Zeitgenossen könnten nun behaupten, dass der Wille, jemandem zu helfen, schließlich auch an einem über-

triebenen Ego liegen könnte. So nach dem Motto: Wenn irgendjemand es schaffen kann, dich zu retten, dann bin ich das! Da
könnte etwas dran sein, oder?

Ich glaube, immer wenn wir unseren Willen zu sehr in den
Vordergrund rücken, hat das Ego seine Finger mit im Spiel.
Vielleicht können wir uns das Ego ja wie so einen kleinen Gnom
vorstellen, den wir ab und zu beim Naschen erwischen. Wir
können ihm doch zuzwinkern und liebevoll zu ihm sagen: *„Hab
ich dich wieder, du kleiner Schlingel! Nun aber ab ins Körbchen
und chill 'ne Runde!"*

Du verstehst, was ich meine, oder? Es geht nicht darum, irgendetwas zu verdammen oder zu verurteilen, sondern darum,
sich dieser Dinge bewusst zu werden. Eine gute Portion Humor
darf dabei auch nicht fehlen. Nehmen wir uns selbst doch einfach nicht so ernst. Diesen Job hat das Ego ja schon. Über seine
eigene Dummheit zu lachen, entwaffnet das Ego auf der Stelle.

# 8. Wie erleben wir unsere Wirklichkeit?

Wie wir bereits festgestellt haben, erleben die meisten Menschen ihre Realität durch ihre materiellen Identitäten namens Körper, Haus, Auto und Arbeitsstelle. Wenn wir uns öffnen für eine Welt, die über die dritte Dimension hinausgeht, entdecken wir einige weitere Dimensionen, welche jenseits von Zeit und Raum existieren. Jede Dimension hat eine bestimmte Schwingungsfrequenz. Je nachdem, wie unser Energiekörper und unser gesamtes Energiesystem schwingen und unter Berücksichtigung unserer Chakren, die dieses System beeinflussen, können wir unsere Wahrnehmung erweitern. Wir sind dann sozusagen *online* mit der Energiewelt.

Wenn wir diese Reise erst einmal angetreten sind, dann gibt es unerschöpflich viel zu entdecken. Dann treten wir von einer Erlebnisebene in die nächste und von dort wieder in die nächste und so weiter. Stelle dir einmal vor, dass du in der 3D-Welt wie ein Fisch im Goldfischglas lebst. Für ihn ist das Goldfischglas sein Lebensraum, seine Welt – bis zu dem Tag, an dem er seinen ganzen Mut zusammennimmt und ins Aquarium springt. Hier erlebt er eine schönere und größere Welt und hält diese dann für das Universum. Dann ist *das* seine Wirklichkeit und er freut sich ob dieser Entdeckung. Bis zu dem Moment, an dem das Aquarium aus irgendeinem Grund im Fischteich landet. Nun fühlt er sich endlich frei und kann draußen sein. Aber das ist noch nicht das Ende der Reise, denn er landet auf magische Weise irgendwann auf einer Insel und gelangt von dort ins Meer. So geht es immer weiter, bis der Goldfisch irgendwann sogar ein Delfin ist.

Warum wird er zu einem Delfin, fragst du dich? Nun, er hat nicht nur jeweils den Ort gewechselt, sondern immer auch seinen Reifegrad. Und wenn wir an diesem Punkt noch etwas tiefer blicken, so hat der Goldfisch seinen ursprünglichen Ort gar nicht verlassen, sondern ist in seinem Bewusstsein vertikal gereist und hat sich dadurch seine Wirklichkeit erschaffen. Genauso läuft das bei uns Menschen auch.

Was ich damit sagen will, ist, dass die Evolution unseres Bewusstseins niemals endet. Wir erfahren als Seelen die Wirklichkeit gemäß unseres Seelenplanes und unserer Offenheit, uns auf neue Wirklichkeit einzulassen. Das bedeutet: neue Räume und Felder zu entdecken, und wie der Fisch in unbekanntes Gewässer zu springen.

Manche Menschen sagen, dass sie seit 2020 so viel Dunkelheit wahrnehmen würden. So viel Leid, Schrecken und Angst. Ich würde sagen, dass es daran liegt, dass wir das alles einfach bis dahin nicht gesehen haben. Oder nicht sehen wollten, weil es einfach weh tut. Die Dinge, die nicht lebenswert waren, oder sogar destruktiv, waren einfach mehr im Verborgenen. Ich würde es so ausdrücken, dass genauso wie die Dunkelheit auch mehr Licht in die Welt gekommen ist. Das Eine bedingt das Andere – einfach durch unser erweitertes Bewusstsein. Dadurch, dass wir immer mehr aufwachen, sehen wir einfach auch immer mehr Schattierungen zwischen Schwarz und Weiß, hell und dunkel, düster und lichtvoll. Gleichermaßen können wir davon ausgehen, dass wenn wir mehr Dunkelheit wahrnehmen, dies auch einfach bedeutet, dass wir mehr Dunkelheit in uns entdecken – wie auch immer sie sich bemerkbar macht. Bisher in den Keller gesperrte triste oder düstere Gefühle. Oder einfach Wut und Ohnmacht.

Ein Phänomen, das mir in meiner Arbeit in den letzten Jahren gehäuft begegnet ist, ist die Depression, besonders die sogenannte Erschöpfungsdepression. Nun kommt alles hoch, was jahrelang nach unten gedrückt wurde. Dieses Phänomen halte ich für einen Segen, denn es bietet die Chance, endlich aufzuwachen aus der Depression. Worauf wollen wir denn noch warten? Es ist unsere Bestimmung nun alles, was alt ist, und dazu gehört auch das, was wir verdrängt hatten, aus unserem System hinauszuwaschen. Bei all dem Chaos in der Welt ist es für uns Menschen, die sich in die Freiheit aufmachen, existenziell wichtig, den Ruhepol in uns selbst zu finden.

Auf die Frage, ob du Angst vor dem Sturm hast, mögest du dann entgegnen, dass du selbst der Sturm bist. Wenn du ein Segelboot navigierst, verbindest du dich mit dem Wind. Du spürst ihn auf deiner Haut und wirst eins mit ihm. Du setzt das Segel entsprechend so, dass du die Energie des Windes nutzt, statt mit Widerstand – oder Angst – dagegen zu arbeiten.

Die Jahre 2020 bis 2022 waren jene stürmischen Jahre. Laut der Astrologie gibt es in 2023 eine deutliche Wende. Ich bin gespannt, denn ich schreibe diese Zeilen Ende 2022. Man kann nichts Genaues voraussagen, weil alles von unserem freien Willen abhängig ist. Die Astrologie kann allerdings kosmische Kräfte, welche miteinander wirken, beobachten und analysieren. Sicherlich gibt es über die Sterne hinaus noch andere kosmische Kräfte. Aber grundsätzlich ist im morphogenetischen Feld der Aufstieg zu sehen. Wie und wann genau der Aufstieg stattfindet, entscheiden wir durch die Ausrichtung unseres Bewusstseins. Das morphogenetische Feld wurde von dem Biologen Rupert Sheldrake erforscht. Es beschreibt das Energiefeld, das alles umgibt und alles Bewusstsein miteinander verbindet.

Beim Aufstieg geht es übrigens um uns alle. Es sind nicht wir, die aufsteigen und die anderen bleiben auf der Strecke. Die Denkweise von „sie und wir" kommt aus der Dualität. Alle steigen im Bewusstsein auf, auch die Einzelnen in Regierung und in Unternehmen. Sie sind nicht davon ausgenommen, auch wenn das von unserer Warte aus so aussehen mag. Der Grund dafür besteht darin, dass innerhalb eines Systems genauso viel Umbruch oder Unstimmigkeit, sogar Chaos, herrscht und das ist gut so … denn das führt zu Veränderung.

Natürlich werden nicht alle auf die gleiche Weise aufsteigen, und auch nicht alle am selben Ort landen oder auf der gleichen Bewusstseinsebene. Aber das ist sowieso auch nicht vorgesehen. Jeder landet dort, wo er selbst möchte.

Um in dem Zusammenhang mal etwas klarzustellen: Wir sind nicht alle gleich! Auch wenn das manche bekannten Religionsführer proklamiert haben. Wir sind zwar aus der gleichen göttlichen Quelle, und vielleicht meinten sie das ja indirekt, aber ursprünglich haben wir uns aus der göttlichen Quelle in Götterfunken ausgesandt, um unzählige unterschiedliche Aspekte des Menschseins zu erfahren. Das bedeutet somit auch, dass wir unterschiedliche Charaktere, Eigenschaften und Körper dafür benötigen. Es wäre doch langweilig, wenn wir alle gleich wären, oder? Für die Neue Erde brauchen wir auch unterschiedliche Talente. Es kann ja nicht einer alles alleine machen und die anderen gucken zu, weil sie es genauso gut könnten und deshalb bleiben lassen.

Wie wir erkannt haben, hängt Wirklichkeit von der Perspektive ab, aus der wir schauen. Auch wenn du dir nicht vorstellen kannst, dass es bewusstes Leben außerhalb von Planet Erde gibt, was ich nebenbei bemerkt etwas arrogant fände, so stelle dir trotzdem einmal rein hypothetisch vor, es gäbe Wesenheiten, die uns von außen beobachten. Es wäre doch denkbar, dass sie ein hohes Bewusstsein haben, oder? Wenn dies also so wäre, würden sie sich dann nicht darüber wundern müssen, dass die Menschen auf Erden sich gegenseitig bekämpfen statt ihr Leben zu genießen? In ihrer Wirklichkeit gäbe es womöglich keine Aggressivität. Glaubst du, sie würden dann einfach mit uns in Kontakt treten wollen? Wohl kaum, oder? Sie würden sich lieber mit ein paar wenigen in Verbindung setzen, die etwas offener und friedliebender sind.

Ich hoffe, du kannst mir bis hierher folgen. Denn dann kannst du dir vielleicht auch vorstellen, woher so viele Produzenten von Science-Fiction-Filmen das Material für ihre Filme haben. Die Eingeweihten unter ihnen sind mit Sicherheit nicht die, welche Aliens als böse und bedrohlich darstellen. Manipulative Filme erkennt man daran, dass Menschen darin so dargestellt werden, in allem, was sie nicht kennen, so auch Außerirdische, eine Gefahr zu sehen.

Ich glaube, dass sowohl nicht verkörperte Wesenheiten als auch verkörperte beziehungsweise mit uns verwandte außer- und innerirdische Wesen größtenteils wohlwollend auf uns blicken und sich freuen, wenn wir das ebenso tun.

Es gibt grundsätzlich noch sehr viel zu entdecken für uns, wovon wir kaum zu träumen wagen. Es bleibt spannend!

# 9. Der kosmische Zyklus

Ob wir nun die Astrologie anerkennen oder nicht, ändert nichts daran, dass alles Leben in gewissen Zyklen abläuft. Das lässt sich ganz einfach beobachten und dadurch nachweisen. Für das richtig umfassende Wissen haben bestimmte Menschen jedoch auch Zugang zu kosmischen Feldern, die sie lesen. Oder sie haben Kontakt zu Wesenheiten aus anderen Dimensionen, die ihnen das Wissen zur Verfügung stellen. Dieses Wissen kommt nun immer mehr ans Licht und erreicht eine größere Anzahl an Menschen, die danach dürsten.

Wie gesagt, haben medial veranlagte Menschen wie Anastasia, Christina von Dreien, Robin Kaiser, Lee Harris, um nur ein paar wenige zu nennen, sowie ein paar weniger bekannte spirituelle Lehrer, die ich aber persönlich kennenlernen durfte, Zugang zu diesem Wissen. (Auf Seite 176 findest du eine Liste mit weiterführender Literatur.)

Zyklen sind in der Natur gut zu beobachten: Ebbe und Flut, Jahres- und Tageszeiten sowie Umlaufbahnen von Planeten. Bei uns Menschen gibt es Verdauungszeiten, Menstruationszyklus, Sieben-Jahres-Rhythmus, Biorhythmus und so weiter. Eine Größenordnung, die unser alltägliches Vorstellungsvermögen übersteigt, ist das sogenannte platonische Jahr. Innerhalb dieses Zeitraumes vollzieht die Erdachse einen kompletten Kreis. Er dauert zirka 25.920 Jahre. Dabei durchläuft die Erde jedes Sternzeichen 2.160 Jahre lang. Aufstieg und Abstieg wechseln sich stetig ab und dauern dementsprechend immer zirka 12.960 Jahre. Seit etwa zweihundert Jahren befinden wir uns im Wassermannzeitalter, was den erneuten Aufstieg einläutet. Deswegen zeigen sich die vielen Veränderungen. Die Herausforderungen wie Krieg und Ängste sind nur ein letztes Aufbäumen der alten Kräfte des Abstiegs.

Das goldene Zeitalter ist für einige bereits spürbar und sie fühlen den Ruf nach Veränderung zum Guten. Wenn du zu denen gehörst, die behaupten, dass alles letztlich eine Illusion sei … mag schon sein, aber selbst wenn auch die Vision des Guten nur eine Illusion wäre, würde sie trotzdem Positives bewirken und Wirklichkeit erschaffen, weil allein die Ausrichtung auf das Gute, Wahre und Schöne zu umfassender Heilung führt. Sie nährt das Feld der paradiesischen Wirklichkeit, und dadurch kann ein Wandel geschehen.

Eine Wegbereiterin dieser Auffassung von Zuversicht ist auch Christina von Dreien[4], die mit einer erweiterten Wahrnehmung und einem vollendeten Bewusstsein zur Welt kam. Sie kommt in unzähligen Redebeiträgen und Antworten auf ihr gestellte Fragen immer wieder zu der einen Aussage: Eines ist gewiss … am Ende wird alles gut!

Das Gesetz von Rhythmus ist auch ein hermetisches Gesetz der Alchemie. In Einklang mit natürlichen Rhythmen zu leben, ist unser Ursprung und wird sich über kurz oder lang wieder auf Erden einpendeln. Als wichtiges Beispiel wäre hier der weibliche Menstruationszyklus zu nennen. Die gegenwärtige Gesellschaft versucht Frauen während ihrer Periode dazu zu bringen, so wie immer zu funktionieren. Wie jeden anderen Tag auch zu arbeiten und sich nicht zurückzuziehen und zu schonen, wie es ihrem natürlichen Impuls entspricht. Die Werbung suggeriert sogar, dass man mit Monatshygiene alles „wegmachen" könne. Niemand soll merken, dass die Frau blutet. Wenn wir uns das einmal klarmachen, regt sich hoffentlich ein Bedauern darüber, was den Frauen damit angetan wird. In einer heilen Welt wird das Weibliche geehrt und geachtet. In der Menstruationszeit darf sie sich allein oder mit anderen blutenden Schwestern zurückziehen, und sie dürfen sich gut tun in liebevoller Achtsamkeit.

In der ursprünglichen Stammeskultur wurden die kosmischen Rhythmen mit einbezogen. In Hochkulturen wie dem Alten Ägypten wurden die Pyramiden nach heiliger Geometrie in Einklang mit bestimmten Sternenbewegungen konzipiert und verwirklicht. In der Anthroposophie werden die Mondphasen in der Landwirtschaft berücksichtigt. Und da glaubt die „zivilisierte" Welt, das alles wäre zu vernachlässigen? Wohl kaum.

Die Wirkung der kosmischen Zyklen gehört zur absoluten Wahrheit. Alle Hochkulturen wie Atlantis hatten ihre Zeit des Erblühens und sind wieder untergegangen, als ihre Zeit um war.

Aktuell sind wir wieder an dem Punkt, an dem wir uns entscheiden, ob wir im Goldenen Zeitalter leben möchten oder dem Untergang geweiht sein wollen. Nur sind wir dieses Mal besser vorbereitet, weil wir die Erfahrung wie in einer Zeitschleife schon erlebt haben. Außerdem sind eine Menge alte und weise Seelen nun wieder mit dabei, die beim Aufstieg helfen. Wir dürfen nun diese Chance nutzen, um genau hinzusehen, inwieweit wir noch in egoistischen Machtstrukturen gefangen sind oder inwieweit wir noch überheblich sind. Genauso wie damals in Atlantis, als weit entwickelte Technologie mit zu wenig Achtsamkeit und Achtung vor dem Leben genutzt wurde. Das, was ursprünglich einem guten Zweck gedient hatte, flog den Menschen genau dann um die Ohren, als sie Gott spielen wollten, ohne aber das nötige Mitgefühl und die bedingungslose Liebe mit einzubeziehen. Wir dürfen aktuell wieder überprüfen, in welchem Bereich wir entgegen unserer Natur leben.

Alte Strukturen versuchen, künstlich ihren Einfluss auszudehnen, um noch länger an der Macht zu bleiben. Der Transhumanismus ist einer davon. Aber ihre Zeit ist um. Sie unterliegen genauso dem kosmischen Zyklus.

# 10. Spirituelle Ökologie

Wenn ich mich mit der Gewissheit verbinde, dass wir Menschen uns all das, was uns auf Erden widerfährt, selbst erschaffen haben – das Negative wie das Positive –, um die entsprechende Erfahrung zu machen, dann komme ich nicht umhin, ins Kollektiv zu schauen. Niemand ist getrennt vom großen Ganzen, auch wenn wir individuell einzelne Erfahrungen machen. Genauso verhält es sich auch mit dem Aufstieg, wie wir bereits festgestellt haben.

Was bringt es mir, alleine aufzuwachen, während alle um mich herum weiterschlafen und ich mich mit niemandem austauschen oder freuen könnte? Es wäre einsam und traurig, und vor allem nicht im Sinne der Schöpfung. Wie schon gesagt, sind wir die Hüter der Erinnerung, die nun mit ihrem inneren Feuer so vielen Menschen wie möglich ihr Licht anzünden. Damit entflammt ihre Erinnerung und sie können bei anderen, die sie erreichen, weitere Lichter anzünden.

Es ist zwar hilfreich, zur Vorbereitung für größere Aufgaben sich selbst zu klären und Ballast abzuwerfen, doch wenn wir den Pfad der selbstlosen Liebe gehen, stellen wir unweigerlich fest, dass wir unsere spirituelle Praxis nicht nur für uns selbst und unsere Selbsttransformation nutzen, sondern für das Leben selbst. Erst dann wird Heilung für die Erde möglich.

Die selbstlose Liebe verbindet uns auf höchster Ebene mit der Einheit allen Lebens und mit der Erde selbst. Unsere Welt hat eine Seele! Sie ist ein lebendiges, atmendes, spirituelles Wesen und schließt die Menschen mit ein sowie jede Zelle in der Schöpfung. Das heißt, auch die Pflanzen und Tiere, genauso wie den Rhythmus der Gezeiten und den Lauf der Sterne.

Wenn wir uns wieder an diese Wahrheit erinnern, sind wir in der Lage, über uns hinaus zu wachsen und einen wesentlichen Beitrag zum Aufstieg des Planeten zu leisten.

Alles teilt den einen Atem. „Spirituell" leitet sich ab von „spirare", atmen. Bei der Spirituellen Ökologie geht es darum, nicht nur zu wissen, sondern leiblich zu erfahren, dass wir als Menschen den einen großen Atem der Natur mit allen Lebewesen auf dieser Erde teilen. Was einem Teil des Gefüges zustößt, betrifft das Ganze – uns alle. Was also viel wichtiger ist als unsere persönliche Erleuchtung, ist unser Bewusstsein für die Heiligkeit der Schöpfung.

Abb. 4: Auf den Schwingen der Spirituellen Ökologie erlangen wir Erleuchtung.

# 11. Die Alchemie der Natur

Die Heiligkeit der Schöpfung zu begreifen, ohne ihr Mysterium zu zerstören, ist eine der faszinierendsten Reisen. Eines der hermetischen Gesetze der Alchemie lautet:

WIE OBEN SO UNTEN – WIE INNEN SO AUSSEN

Lass uns dieses kosmische Gesetz anhand der Elemente beleuchten. Die vier Elementebenen repräsentieren auch unsere menschliche Existenz. Unser physischer Körper entspricht dem Erdelement. Die Gefühle und die Astralebene sind dem Wasser zugeordnet. Der Mentalkörper entspricht dem Element Luft und die spirituell-geistige Ebene dem Element Feuer. Auch wenn es so erscheinen mag, dass alles voneinander getrennt ist, so fließt in Wirklichkeit alles ineinander über. Die materielle Welt – und dazu gehört selbstverständlich auch unser Körper – besteht aus diesen vier Elementen. Auch der Mental-, Astral- und Emotionalkörper ist davon nicht ausgenommen.

Zuerst einmal sei darauf hingewiesen, dass die Feuerebene unser Ursprung ist. Hier verbinden wir uns mit dem Heiligen Gral, nichts Geringerem als der göttlichen Liebe. In Mythen wird beschrieben, dass zuerst das Feuer existierte und die Luft daraus entsprang, dann daraus das Wasser und daraus letztlich die Erde. Mit dem vorhin erwähnten Mentalkörper ist eine Schicht unseres Energiesystems gemeint, die von Gedanken durchströmt ist. Wir sprechen von *„viel heißer Luft“*, wenn jemand viel *„Wind um gar nichts macht“*. Beim Wandel in der aktuellen Zeit geht es darum, illusorische Gedankenmuster zu verabschieden. Das Loslösen von Glaubensmustern kann hierbei durch innere Arbeit geschehen, als da wären zum Beispiel Mentaltraining, NLP oder die Arbeit mit dem inneren Kind.

In unserer mental übersteuerten Gesellschaft kann man beobachten, wie viele Menschen unbewusst ihre Ideen und Konzepte auf andere projizieren. Mir hat mal bei einem Seminar eine klarsichtige Geistheilerin sämtliche Mentalwesen aus meinem Energiekörper ziehen müssen, die sich an mich angeheftet hatten. Sie tat dies, nachdem sie mich gefragt hatte, wie es mir ginge und ich über Migräne geklagt hatte. Die zwei Teilnehmerinnen, die ich während des Seminars als anstrengend empfand, hatte sie „zufälligerweise" genau benannt und gesagt, deren Mentalwesen hätten sich bei mir eingehängt. Wohl gemerkt handelte es sich bei dem Seminar um Körperarbeit. Selbst dabei kann man sich mental und emotional auf energetischer Ebene etwas „einfangen". Die Menschen tun dies meistens nicht in böser Absicht, sondern es geschieht unbewusst. Falls solche Übergriffe oder Verwünschungen in bewusster Absicht geschehen, kann man von schwarzer Magie sprechen. Um sich davor zu schützen, ist es notwenig, sein Energiesystem zu stärken und wenn nötig, auf geistige Weise seinen eigenen Schutz beziehungsweise seine Erdung zu aktivieren.

Mittlerweile habe ich mich mit meinem Energiesystem vertraut gemacht und solche Dinge passieren mir nicht mehr so leicht. Bewusstseinsarbeit kann uns also unglaublich gut helfen, unseren Energiekörper zu reinigen und zu stabilisieren. Wasser reinigt nicht nur unseren äußeren Körper, sondern auch auf energetische Weise unsere Emotionen. In unserer mental orientierten Gesellschaft sind enorm viele Emotionen angestaut. Am meisten davon zeigen sie sich als Wut, Trauer oder Angst. Indem wir diese Emotionen fühlen und sie beispielsweise mit unseren geweinten Tränen aus unserem Körper herausspülen, können wir Heilung für uns bewirken. Gleichsam können wir viel Wasser trinken, sodass die Emotionen den Körper über den Blasenmeridian verlassen können.

Das Wort *Emotion* leitet sich ja von dem Wort *Motion* – Bewegung – ab. Es sind also innere Bewegungen. Wir möchten durch sie *bewegt* werden und uns somit weiterentwickeln.

Lerne, die Elemente in deinem Leben besser zu nutzen. Der erste Schritt besteht darin, in die Demut zu gehen und ins Gebet. Ich meine nicht ein Gebet wie in der Kirche, sondern ein natürlich aus dir heraus entstehendes Gebet. Als Ausdruck deiner Achtsamkeit und Wertschätzung gegenüber der Schöpfung und der Natur.

Nicht ohne Grund wurde das **Feuer** von jeher genutzt, um bei Ritualen, Zeremonien und schamanischen Reisen zu unterstützen. Du kannst dir draußen oder drinnen ein Feuer machen, sei es in Form von Lagerfeuer, Feuerschale, Agni Hotra oder einer Kerze im Wohnraum. Lass destruktive Energien vom Feuer verbrennen oder schreibe Dinge, die du loslassen möchtest, auf und werfe das Papier ins Feuer.

Du kannst an einem windigen Tag hinausgehen und den **Wind** bitten, illusionäre Gedankenmuster aus dir herauszupusten. Wenn du Gefühle, die dich überfluten oder nicht zu dir gehören, aus deinem Energiekörper reinigen möchtest, kannst du dir vorstellen, wie das Dusch- oder Badewasser dies tut. Baden mit Basensalz empfiehlt sich ebenfalls. Am besten ist natürliches **Wasser** draußen im See, Fluss oder Meer. Du kannst das Wasser darum bitten, Gefühle herauszuwaschen.

Genauso kannst du die **Erde** bitten, Krankheiten von dir zu nehmen und zu transformieren. Erde dich dazu mit deinen Füßen und Beinen auf dem Boden, oder wenn du liegst, lass dein Körpergewicht mit sämtlichen Schlacken, die noch im Energiesystem kleben, in die Erde fließen.

Der Sturm in der Natur und der Sturm in uns sind synchron. Wenn wir durch den Sturm in uns navigieren, können wir somit auch durch den Sturm im Außen navigieren.

Mama Erde ist ein Wesen mit Astralleib, Mentalleib und physischem Leib. Wir leben mit ihr in Verbindung und helfen beziehungsweise beeinflussen uns gegenseitig. Die Umweltverschmutzung auf der Erde ist repräsentativ für unsere innere Verunreinigung. Deshalb ist es für uns Menschen einerseits ratsam, uns der körperlichen und energetischen Schlacken zu entledigen, und andererseits noch wichtiger, aufzuhören, die Erde mit unserem Schmutz zu belasten.

Wenn wir das hermetische Gesetz von WIE OBEN SO UNTEN verstehen, erkennen wir, dass sich alles gegenseitig beeinflusst. Demnach beeinflussen wir zum Beispiel das Wetter und das Wetter beeinflusst uns.

In meinem Buch »Die Alchemie der Seelennahrung« bin ich etwas ausführlicher auf praktische Maßnahmen eingegangen, wie wir zur Heilung der Erde beitragen können. Hier sei deshalb nur kurz erwähnt, dass wir bei Sonnenaufgang und/oder -untergang das Agni-Hotra-Feuerritual feiern und damit die Atmosphäre sowie die Erde mit all ihren Lebewesen harmonisieren können. Das Gleiche tut die Natur-Harmonie-Station[5], die man im Garten aufstellen kann. Die dazugehörigen Informationen sind am Ende des Buches gelistet.

## 12. Das Manifest der Neuen Erde

Die Filmemacherin Catharina Roland, die man durch AWAKE und AWAKE2PARADISE kennt, hat im Frühjahr 2020 »Das Märchen von der abenteuerlichen Reise von den Kindern des Lichts« geschrieben. Es beschreibt, wie wir vergessen haben und uns schließlich wieder daran erinnern, wer wir wirklich sind. Daraus entstand dann das Manifest der Neuen Erde, was mit Hilfe eines Weisenrats und vielen Beiträgen von begeisterten Menschen zu einem umfassenden Projekt geworden ist. Im Manifest finden wir lebensfördernde und praktische Wege und Weisen für alle Lebensbereiche. Im Weisenrat wirken zurzeit Menschen wie Robin Kaiser, Rüdiger Dahlke, Daniele Ganser, Christina von Dreien, Dieter Broers, Charles Kunow und einige mehr.

Wenn man bei Google sucht, erscheint auch das Wort *Sekte*. Das macht zum einen deutlich, dass diese Suchmaschine, wie wir bereits wissen, von der dunklen Seite geführt wird, und zum anderen, mit welchen Worten mutige Selbstdenker wieder einmal in eine Ecke gestellt werden sollen. Hätte ich mich damals davon abschrecken lassen, hätte ich mich vielleicht nicht aufgemacht zu den Initiatoren.

Als mir das Manifest der Neuen Erde nämlich Anfang 2021 begegnete, entbrannte in mir ein Feuer dafür und ich wollte am liebsten alles stehen und liegen lassen und sofort mitmachen bei dem Projekt. Mein Herz hat gewusst, dass in dieser Vision ein Potenzial für unsere Zukunft liegt.

Im Frühherbst reiste ich dann für ein *Humus Event* nach Ostdeutschland, um das Dream-Team Catharina, Coco, Priska und Franz kennenzulernen, und um herauszufinden, was ich beitragen könnte.

Die Begegnung mit diesen seelenvollen Menschen und den begeisterten Teilnehmern der Veranstaltung auf Schloss Püchau bei Leipzig war höchst transformierend für mein Leben.

Als ich an jenem magischen Ort ankam, war es, als würde ich durch die Nebel von Avalon in eine andere Welt gereist sein. Wenn ich nicht schon vorher parallele Existenzen erlebt hätte, wäre ich spätestens ab dann überzeugt gewesen, dass es sie gibt. Mir begegneten Menschen, die mit Leib und Seele für etwas brannten und genau auf ebendiese herzerfühlte Weise von ihrer Vision sprachen. Es war mitreißend und motivierend. Natürlich wird in einer Zeit, die von Lockdown geprägt ist, jede Begegnung mit echten Menschen als wahrer Segen wahrgenommen.

Jedem der siebzig Anwesenden wurde vom Dream-Team bei der ersten Zusammenkunft die Füße gewaschen. Das Eis, das vielleicht an mancher Stelle noch hart war, schmolz spätestens bei dieser nährenden Handlung. Jeder kam zu Wort und konnte aus dem Herzen teilen, was ihn bewegt.

Wir lernten in den vier Tagen über die Grundlage des Lebens, den Humusboden, und was ihm hilft, zu gesunden. Uns wurde gezeigt, wie ein Kompost-Klo zum Umweltschutz beitragen kann, und wie aus einem Ödland ein Paradies mit vielen Pflanzen- und Tierarten geschaffen wurde. Wir konnten uns effektive Mikroorganismen, Heilerde und Leonardit mit nach Hause nehmen.

Mittlerweile sind die Schöpfer vom *NewEarthManifesto* international tätig und sind auch dabei, ein online-Forum namens *Living Earth*, bei der sich jeder je nach Interessen- und Themengebiet einbringen kann, zu erstellen. Es dient der Vernetzung von Menschen – regional sowie im größeren Radius.

### 12.1. Was ist Leonardit?

Leonardit ist ein Umweltgesundungsstoff, der weltweit zu finden ist. Er ist reich an Huminstoffen, welche die Qualität des Humusbodens ausmachen. Wenn die Humifizierung organischer Masse unter idealen Bedingungen verläuft, bildet sich ein für Boden, Pflanze, Tier und Mensch vielseitig einsetzbares Leonardit.

Leonardit besitzt auf Grund seiner natürlichen Zusammensetzung aus zahlreichen unterschiedlichen Huminstoffen, organischen Substanzen, mannigfaltigen Spurenelementen und Dauerhumus vielfältige positive Eigenschaften, die sich in Landwirtschaft, Garten- und Landschaftsbau sowie im privaten Garten bewähren. Dort wirkt Leonardit als Nährstoff- sowie Wasserspeicher und fördert die Mikrobiologie. Er hilft, Gerüche und Schadstoffe zu binden.

Das Zusammenwirken von erhöhter biologischer Aktivität im Boden, besserem Wurzelwuchs und den Inhaltsstoffen des Leonardits fördert den Humusaufbau. Pflanzen sind besser gegen natürlichen Stress geschützt und reicher an Nährstoffen, wovon auch Tiere und Menschen profitieren.

Wir haben während des Humus Events sogar Wasser mit Leonardit getrunken, was besser schmeckt, als man zuerst denken mag. Weitere Informationen dazu findest du auf Seite 181 beim Thema „Projekte und Gemeinschaften".

## 12.2. Was sind Effektive Mikroorganismen?

Seit dem Humus Event besprühe ich den Garten mit allen Beeten und Bäumen mit *Effektiven Mikroorganismen* (EM). Es ist eine flüssige Mischkultur, die aus Milchsäurebakterien, Photosynthesebakterien, Hefen und fermentaktiven Pilzen besteht.

Wenn man den Begriff bei Wikipedia nachschaut, wird darauf hingewiesen, dass wissenschaftliche Studien die Wirkung nicht bestätigen, was nicht weiter verwunderlich ist, wenn man weiß, wer und was sich hinter Wikipedia verbirgt. Genauso wie die Mainstream-Wissenschaft ist Wikipedia gekaufte und bezahlte Information. Beispielsweise sind bestimmte Interessengruppen wie die Pharmaindustrie nicht an günstigen oder kostenfreien Möglichkeiten einer Heilung der Natur oder des Menschen interessiert, weil dadurch kein Profit erzielt werden kann. Aber das brauche ich dir hoffentlich nicht zu erklären.

Zum Thema EM haben seelengeführte Menschen ihren wertvollen Beitrag geleistet, der dank des Internets gut zu finden ist.[6]

## 12.3. Das Biotop Zschepplin

Beim Humus Event wurde uns das Projekt „Gesunde Erde Zschepplin" von Stephan Lehmann vorgestellt. Er hat mich mit seiner klarfühlenden Art tief im Herzen berührt. Er hat sich nicht gescheut, uns auch darauf hinzuweisen, was der Mensch unserer Natur antut, was mir wirklich wehtat, als er es beschrieb. Gleichzeitig hat er uns das Biotop Zschepplin zum Greifen nahe gebracht und wir sahen, was aus einem Kieswerk, wo zuvor nichts wuchs, geworden ist. Wir meditierten und sangen in grünen Oasen. Hier sieht man, was regionaler Umwelt- und Artenschutz bewirken kann. Dieser Prozess wurde mit EM und Leonardit maßgeblich unterstützt.

## 12.4. Mein kleiner Humus Event

Kaum war ich vom großen Humus Event zurückgekehrt, wollte ich als Hu-Muse dieses wertvolle Wissen weitergeben, und organisierte kurz darauf meine eigene Veranstaltung in unserem Wohn- und Kraftort, der Blauen Mühle. Jeder war eingeladen, etwas Humus aus seinem Garten mitzubringen, den wir dann in eine Schüssel gaben. Wann hast du eigentlich das letzte Mal mit deinen Händen in der Erde gewühlt? Es fühlt sich befreiend an, wenn man die alten Konditionierungen aus der Kindheit loslässt, welche davor warnen, sich nicht *schmutzig* zu machen.

Die Teilnehmenden erfuhren etwas darüber, wer und was alles im Boden lebt. Wusstest du, dass in einer Hand voll Humusboden mehr Lebewesen zu finden sind als Menschen auf der Erde? Auch so putzige Wesen wie die Bärtierchen. Auf einem Hektar leben bis zu fünf Millionen Regenwürmer, die übrigens lebensnotwendig für den Boden sind. Man kann sich sogar eine Kiste Regenwürmer kaufen für den eigenen Gartenboden.

Wir sahen, was man konkret tun kann, um die Erde wieder lebenswerter zu machen. Um die Notwendigkeit zu verstehen, etwas zu ändern, bedarf es auch eines Verständnisses darüber, was alles noch nicht gut läuft. Vieles davon war den meisten neu, wie zum Beispiel, dass ein Apfel aus konventionellem Anbau bis zu einundvierzig Mal mit Pestiziden besprüht wird, bevor man ihn kauft und verspeist. Fazit: Lieber aus dem Garten oder *bio* kaufen.

Leider gibt es aufgrund der Wind- und Wassererosion sowie der agrarwirtschaftlichen Monokultur heutzutage nur noch zwei Prozent vom ursprünglichen Humusgehalt im Boden verglichen mit der Zeit vor hundert Jahren. Und auch hundert Jahre braucht der Boden für die Bildung von nur einem Zentimeter Humus. Klingt dramatisch ... ist es auch!

Wir sind der Frage auf den Grund gegangen, was wir für die Erde tun können. Dabei gelangten wir zu der Erkenntnis, sich am besten *gemeinsam* um den Humus zu kümmern. Die Symbiosen, die im Humusboden miteinander wirken, erstrecken sich auf alles Leben auf Erden, den Menschen einbezogen. Das alte Weltbild, wonach laut Darwin der Stärkere gewinnt, wird abgelöst durch das neue Weltbild, wonach Evolution durch Symbiose geschieht, also im Miteinander-wirken. Die Menschen der Neuen Erde schaffen eine Grundlage für neue Humuserde, indem sie diese mit Achtsamkeit behandeln.

Gesunder Boden wird durch Biodiversität geschaffen, also mindestens sechzehn Pflanzenarten auf einem Acker statt Monokultur. Dann braucht es auch keine Pestizide mehr. In diesem Zusammenhang sei der Industrieriese *Monsanto* erwähnt. Falls du näher in dieses Thema einsteigen möchtest, wirst du in alternativen Medien Informationen und eine Liste von Produkten finden, die es zu meiden gilt.

Die Zusammenarbeit mit regionalen, ökologisch arbeitenden Bauern und Betrieben können wir zukünftig noch weiter ausbauen. Sie benötigen unter Umständen sogar unsere mentale und tatkräftige Unterstützung. Sich Unmengen an Junk zu kaufen und dann zu behaupten, man könne sich BIO nicht leisten, kann kein Argument mehr sein. Von wirklich nährendem Essen brauche ich keine Unmengen in mich hineinzustopfen. Wenn ich etwas Sinnvolles tue, ist es nicht wichtig, eine innere Leere mit Essen oder sonstigem Konsum zu füllen.

Bei unserem kleinen Humus Event brachte jeder eine selbst zubereite Köstlichkeit mit, und wir sprachen beim Essen über die neue Erde, wie wir sie uns vorstellen. Was kann es Schöneres geben? Außer vielleicht, wenn man schon vollständig auf ihr lebt, statt nur von ihr zu träumen. Solche Momente allerdings fühlen sich bereits an wie das goldene Paradies.

Was wir noch tun können, ist zu kompostieren, sprich organische Abfälle in den Kreislauf zurückzuführen. Zusätzlich zu Komposthaufen und -tonne besorgten wir uns ein Kompost-Klo. Trockentoiletten sparen viel Trinkwasser, das im Wasser-Klosett literweise in der Kanalisation landet.

Nachdem wir nach der Überschwemmung unseres Hauses im Juli 2021 ohne Strom oder Abwasser dementsprechend keine Toilette benutzen konnten, wollte ich damit natürlich auch Notfall-Vorsorge betreiben. Davon abgesehen kann eine Trockentoilette überall aufgestellt werden, sogar in Räumen von (alten oder kranken) Menschen, die sich nicht mehr so gut bewegen können. Für einen guten Duft sorgt getrockneter Lavendel, der den Holzspänen oder dem Streugut beigemischt wird.

In Zschepplin haben wir uns richtig auf das Toilettenhäuschen mitten im Biotop gefreut, weil es wirklich schön war. Sein Dach war aus Glas mit Blick in den Himmel.

Weitere Informationen dazu findest du auf Seite 181 beim Thema „Projekte und Gemeinschaften". Die Firma *Nowato* steht für No Water Toilet. Da gibt es viele Varianten für drinnen und draußen. Sie stellen auch Toilettenhäuschen für Festivals leihweise zur Verfügung. Auch in Grünanlagen oder auf Campingplätzen kommen sie zum Einsatz.

## 13. Anastasia

Ein weiteres wahrhaftiges Wesen, das ich im Wandeljahr 2020 kennengelernt habe, ist Anastasia, die allein in der russischen Taiga lebt. Sie ist ein freies Menschenwesen, das innerhalb der höheren Schwingung inkarniert ist, und eröffnet einem großen Menschenkreis die kosmische Wahrheit und die menschliche Ursprünglichkeit.

Wenn man sich die Mühe macht, die Botschaft, welche direkt durch ihre Worte und Taten zu Leben erwacht und ein starkes Resonanzfeld im Herzen ertönen lässt, bewusst herauszukristallisieren, kann man ihre tiefe Bedeutung wahrnehmen. Da Anastasia einer uralten wedischen Priesterfamilie entstammt, scheint vieles an Wissen, was durch sie hindurch kommt, nicht von dieser Welt zu sein. Sie hat Zugang zu kosmischen Weisheitsfeldern und erinnert uns somit an unser wahres Wesen als Schöpferseele. Als Lichtarbeiterin verfügt sie über umfassende geistige Fähigkeiten, welche sie zum Wohle der Menschheit einsetzt. Damit meine ich reines und ursprüngliches Menschsein im Einklang mit der Natur. Sie hat eine große Liebe für die Naturwesenheit mit ihren Pflanzen und Tieren. Die Tiere in ihrer Umgebung helfen ihr, weil sie mit ihnen lebt und kommuniziert. Sie nimmt telepathisch Kontakt mit sämtlichen Gärtnern außerhalb der Taiga auf und hilft ihnen beim Anbau von Gemüse und anderen Pflanzen.

Das von ihr vorgestellte Bild vom neuen Menschen ist an den Ursprung angeknüpft, an das Paradies auf Erden, in dem der Mensch in Freiheit und Fülle einst lebte – in einer Zeit, in der es noch keinen installierten Mangel, keine Trennung und keine Selbstsucht gab. Aus dem Paradies zu fallen, heißt also, sein abgetrenntes Selbst zu nähren und sich von der selbstlosen Liebe zu entfernen.

Der Verfasser der Anastasia-Bücher, Wladimir Megre, verkörpert nach eigener Beschreibung den Durchschnittsmenschen, der zunächst nichts von all dem, was sie sagt, zu verstehen scheint. Es ist anzunehmen, dass dadurch viele Leser den leichteren Einstieg in die Lektüre gefunden haben, weil sie sich mit ihm identifizieren konnten. Das, was Anastasia zu verdeutlichen versucht, mag für einige abgehoben erscheinen oder zu schön (oder schrecklich), um wahr zu sein.

Dass Megre den Normalbürger repräsentiert, macht allerdings für genau diesen die Glaubwürdigkeit der Bücher aus. Er stellt stellvertretend für den Normalbürger die Fragen, die jener Anastasia auch stellen würde. Die Menschen, die bereits ein höheres Bewusstsein erreicht haben, verstehen ihre Botschaft durch die Schwingung ihrer Sprache sowieso von vornherein. Die Taiga-Einsiedlerin richtet ihre Botschaft sicherlich nicht an diejenigen, die deren Inhalt sowieso aus Prinzip kritisieren. Solche sind selbstverständlich darauf angesetzt, dies zu tun und wollen freilebende und unabhängige Menschen um jeden Preis unterdrücken. Und genau deshalb ist Megre der Richtige für die Brücke zwischen Anastasia und der Welt. Er hat keine Angst vor den Dunkelmächten. Er hat verstanden, dass sie nur die Kehrseite der Medaille sind und eigentlich auch nach Hause ins Licht wollen.

Die Lebensweise der Wedrussen beschreibt die Erschaffung eines Raumes der Liebe, beginnend bei einer Dorfgemeinschaft, über einen Familienlandsitz bis hin zu einer bewussten Partnerschaft. Es ist eine auf höchste menschliche Werte basierte und achtsame Lebensweise, in der alle Natur- bzw. Schöpfungsgesetze Anwendung finden. Beispielsweise kann eine Familie auf ihrem Familienlandsitz mit einem Hektar Land sich komplett selbst versorgen.

Man unterstützt sich untereinander in der Dorfgemeinschaft und fördert jede Familiengründung. Folglich gibt es kein Arbeitersystem, das auf Ausbeutung ausgelegt ist. Keiner geht woanders hin, um Geld zu verdienen für Konsumgüter, die er eigentlich nicht braucht. Jeder verfügt über alles zum Leben Nötige innerhalb der Dorfgemeinschaft. Große Gerätschaften werden natürlich von allen genutzt und jedes wichtige Handwerk wie beispielsweise Schneider, Schuster, Weber, Maschinenbauer oder Installateur gibt es mindestens einmal, damit die Selbstversorgung gewährleistet werden kann. Auf diese Weise leben die Menschen wirklich in Freiheit, und spätestens an dem Punkt wird uns klar, warum die Bücher von Anastasia von den Anhängern der dunklen Agenda in den Schmutz gezogen werden. Sie wollen keine Menschen, die unabhängig vom unterdrückenden System leben können. Sie wollen brave Konsumenten von Plastikartikeln züchten.

Ein paar Aspekte von Anastasia möchte ich an dieser Stelle nicht unerwähnt lassen. Zum einen lebt sie komplett allein tief in den Weiten der Taiga, was wir als sogenannte zivilisierte Menschen als „Wildnis" bezeichnen würden. Sie lebt dort ohne materielle Güter, wie zum Beispiel eine Behausung. Sie hat Zugang zu sämtlichen höheren Wesen, eines davon ist eine gewisse Lichtkugel, die ihr Schutz vor Angriffen seitens feindseliger Menschen bietet. Zum anderen kommuniziert sie mit Tieren und Pflanzen, die ihr freiwillig helfen. Obgleich sie sich nur von ein paar Wildkräutern, Beeren und der heiligen Zedernuss ernährt, erfreut sich übermenschlicher körperlicher Kraft, Beweglichkeit und Gesundheit. Sie bringt dort ohne fremdes Einwirken zwei Kinder zur Welt, die ebenso frei wie sie in der Taiga aufwachsen. Diese Kinder haben auch ein erweitertes Bewusstsein genauso wie sie. Das alles zeigt uns, dass wir als Menschen eigentlich nicht so viel benötigen, wie wir gewohnt sind.

All das ist äußerst faszinierend und inspiriert mich dazu, sie als Beispiel für einen vollendeten Menschen zu nennen. Sie schöpft aus der göttlichen Quelle und hat sich bereit erklärt, in das irdische Reich hinabzusteigen, um uns zu zeigen, wozu ein Mensch tatsächlich in der Lage ist. Meisterinnen wie sie müssen dies nicht tun. Aber sie tun es aus Mitgefühl den Menschen gegenüber. Wenn man bedenkt, wie schlecht sie von einigen Leuten behandelt wird, erkennt man ihre wahre Größe, die durch alles hindurch scheint.

Als ich über Anastasia im Netz recherchierte, begegneten mir die unsinnigsten Verunglimpfungen. Es ist so fern von Zusammenhang und Realitätsbezug, dass man sich fragt, wer das glauben soll. Ich treffe jedoch manchmal auch Menschen, die sagen, sie würden sich nicht trauen, sich mit ihr zu befassen, weil sie von ihrem Umfeld dann als „rechtsextrem" bezeichnet werden würden. Dann muss ich mich zusammenreißen, dass ich nicht laut loslache. Entschuldige, aber eine Frau, die allein in der russischen Taiga lebt, in so einen Kontext zu setzen, entbehrt jeder Logik. Leute, die so etwas behaupten, haben nicht eine Seite ihrer Bücher aufmerksam gelesen.

An der Vehemenz, mit der viele Lichtarbeiter bekämpft werden, kann man zudem erkennen, wie wichtig sie für den Aufstieg sind. Die Lichtvollsten werden am meisten angegangen und müssen sich den schwierigsten Prüfungen unterziehen. Klar ist, dass sich die Seelen dieser mutigen Menschen das alles genauso ausgewählt haben und wussten, was auf sie zukommen würde. Das Päckchen, das man zu tragen hat, ist nur so schwer, dass man nicht darunter zusammenbricht. Wenn ein Mensch trotzdem an den Herausforderungen scheinbar zerbricht, so hat er es sich dennoch genauso ausgewählt und dementsprechend erschaffen.

Unsere Seelen werten nicht im Sinne von „erfreulich" oder „unerträglich". Im Reich der Seelen ist jede Erfahrung eine Erfahrung und nicht mehr und nicht weniger. Unsere Seele versucht uns unablässig auf unseren vorher gewählten Weg zu führen, um menschliche Erfahrungen zu machen. Sie ist nicht darauf aus, Schmerz zu vermeiden, wenn er zu der gewählten Erfahrung dazu gehört.

**Solltest du also hin und wieder Wachstumsschmerzen erleiden, verzage nicht, sondern erinnere dich daran, dass auch das vorübergeht!**

Anastasia erinnert uns daran, dass es letztlich nicht um unseren persönlichen Schmerz geht, sondern um eine überpersönliche bzw. kollektive Hinwendung zum Ursprung jenseits von Schmerz. Das macht Mut, besonders in schwierigen Momenten.

Es bleibt noch zu erwähnen, dass ich nicht dafür plädiere, dass jetzt alle Frauen in Baumwoll-Kleidchen und Bauernzöpfchen herumlaufen und hübsche Hemden für ihre Männer sticken und die Kinder auf der Wiese Ringelreihen tanzen. Wem das Spaß macht, der kann das natürlich tun, aber ich glaube, dass es darum geht, dass jeder sich auf seine Art an den Ursprung erinnert und dann nicht gleich ins Mittelalter zurückgeht – diese Ära wäre sowieso nicht zu empfehlen –, sondern dass man zu einer wirklich neuen Lebensweise in Anbindung an die Schöpfung findet.

# 14. Die dunkle Nacht der Seele

Da wir grade davon sprachen, dass unsere Seele immer darauf bedacht ist, uns zurück auf den von uns gewählten Seelenweg zu führen, ohne unbedingt Schmerz zu vermeiden, so mag ich mit dir teilen, dass auch ich nicht von jenen schmerzvollen Erfahrung verschont geblieben bin. Im Alter von neununddreißig Jahren erlebte ich eine Phase, die klinisch als manisch-depressiv bezeichnet werden würde. Diese Bezeichnung mag, schulmedizinisch betrachtet, vielleicht zutreffen, jedoch kann man auf einer tieferen Erkenntnisebene auch sagen, dass jene Phase eine der wichtigen Transformationen des Menschen mit sich bringt.

Kurz zur Situation von damals, die ich in meinem ersten Buch »2020 – Das Aufwach Jahr« bereits erläutert habe: Ich saß allein in einer lauten Stadtwohnung, ohne Partner oder Kind, welche ich mir bis dahin sehnlichst gewünscht hatte. Ich fühlte mich absolut allein und sah keinen Sinn in meinem Leben. Es war der Moment, an dem ich meinen Ur-Trennungsschmerz am meisten spürte. Es tat weh zu erkennen, dass ich mein Wohlbefinden von Faktoren im Außen abhängig gemacht und mich somit weit von meiner inneren Quelle entfernt hatte. Ich konnte Tage lang nur noch weinen.

Am Punkt des größten Schmerzes kehrte ich zurück zum Einheitsbewusstsein und begann, die Quelle in mir zu nähren. Es begann mit ganz menschlichen Dingen, wie dem eigenen Körper gut zu tun, indem ich mir eine Massage geben ließ, tanzen ging oder liebe Freunde um elterliche Fürsorge bat. Sicherlich sind das erst einmal Maßnahmen, die sich scheinbar um die Peripherie, wie den Körper, kümmern. Sie sind aber erst einmal notwendig, um einen Raum des Heilwerdens zu schaffen. Schmerz entsteht ja auch ausschließlich auf der dreidimensionalen Daseinsebene.

In dem Zusammenhang wurde mir klar, dass die Trennung von Körper, Geist und Seele letztlich auch nur eine Illusion ist. Es ist egal, wo die Heilung ansetzt, denn jeder Anfangspunkt setzt Wellen in alle anderen Bereiche in Gang. Ob ich innen, außen oder seitlich beginne, ist nicht entscheidend. Das Ausschlaggebende war die Entscheidung, sich zu verändern, genauso wie die innere Ausrichtung, der Impetus, die Aktivierung, welche die Veränderung in Gang brachte. In jenem Moment landen wir wieder im Einheitsbewusstsein und merken dann erst, wie lange wir uns getrennt glaubten. Das setzt zwar zuerst Schmerz frei, aber kurz danach auch puren Enthusiasmus. Dieser Vorgang könnte dazu führen, dass die Schulmedizin, die nicht hinter das Augenscheinliche blickt, es manisch-depressiv nennt.

Der Zufall wollte, oder besser gesagt meine Resonanz bewirkte, dass ich seit Jahren Menschen berate, die aufgrund von Depression, post-traumatischen Belastungsstörungen oder Burnout, nur um ein paar der am häufigsten verwendeten klinischen Bezeichnungen zu nennen, in Kliniken landeten. Das versetzte mich in die Lage, meine eigene Studie über dieses Thema herleiten zu können. Aufgrund der Vielzahl der beobachteten Menschen kann ich behaupten, dass man gewisse Gesetzmäßigkeiten ableiten kann, und dies ist deshalb möglich, weil die allermeisten Menschen noch unbewusst sind und mit offenen Augen schlafen.

Bevor sich nun irgendjemand persönlich angegriffen fühlt, lass mich dazu sagen, dass diese Beobachtung von allen Menschen gemacht wird, die sich dem Erwachen der Menschheit verschrieben haben. Sie haben mindestens gemeinsam, dass sie selbst durch die dunkle Nacht der Seele gegangen sind, sonst könnten sie nicht behaupten, dass sie vorher geschlafen haben und nun – zumindest die meiste Zeit – wach sind.

**Abb. 5:** Als Beobachter des kosmischen Spiels wachst du früher oder später aus dem Traum der Illusionen auf. Dein persönliches Drama kommt dir dann wie ein schlechter Spielfilm vor. Im wachen Bewusstsein angelangt, bestimmst du sodann deine Spielregeln.

Nun zu meiner Beobachtung: Menschen gehen im Sklaven-system einer entfremdeten Tätigkeit nach, die sie immer mehr von ihrem Seelenweg entfernt. Aufgrund der gesellschaftlichen Konditionierungen merken sie diesen schleichenden Vorgang nicht, und halten das alles für „normal" – ähnlich dem Frosch im Kochtopf, der, wenn das Wasser langsam erhitzt wird, gar nicht merkt, wie er langsam stirbt. Die Seele hat während der ganzen Zeit versucht, diesem Menschen Zeichen zu geben, hat mit der inneren Stimme geflüstert, hat Gefühle und vielleicht sogar kör-perliche Symptome ausgelöst.

All das war vergebens, denn der Mensch hat es nicht wahr-nehmen wollen. Nach dem Motto „*Wer nicht hören will, muss fühlen!*", kommt irgendwann der Punkt, an dem eine Kompo-nente im Körper-Geist-Seele-System sich meldet. Wir haben zwar gesagt, dass dieses System nicht wirklich in diese Teile auf-geteilt ist, aber um den Vorgang leichter zu verstehen, definie-ren wir nun einfach die Komponenten. Also entweder hat man körperliche Symptome, die man zuerst merkt, oder eben geisti-ge, mentale oder emotionale „Ausfälle". Oder auch alles zu-sammen, damit man auch wirklich nicht mehr weitermachen kann wie bisher.

Wenn nichts mehr geht, landet man dann meistens in einer Klinik. Davon war ich übrigens weit weg. Ich holte mich selbst da raus und hatte auch darüber hinaus therapeutische Hilfe. In einer Klinik jedenfalls gibt es zur Beruhigung des Menschen eine medikamentöse Erstversorgung.

Es mag so aussehen, dass dies eine Erste-Hilfe-Maßnahme ist, damit nichts Schlimmeres passiert. Aber bei genauerem Hin-schauen zeigt sich darin nur die Ohnmacht, Überforderung und Hilflosigkeit der westlichen Medizin, die nur das Symptom wahrnimmt. Zugegebenermaßen muss man ein Kind, das in den Brunnen gefallen ist, natürlich erst einmal dort herausholen.

Aber dass es dort hineinfällt, hätte man grundsätzlich verhindern können. Diesbezüglich hoffe ich auf eine Zukunft, in der wir diese Mechanismen verstehen und Menschen in Veränderungsprozessen wirklich geholfen werden kann.

Zurück zum Status Quo: Nachdem die Insassen dann wochenlang mit Leidensgenossen in Gruppensitzungen über ihre Probleme diskutiert haben – was emotional eher gemütlich ist – und etwas „professionelle" Hilfe von Therapeuten bekommen haben – etwa dreißig Minuten pro Woche –, landen sie dann bei mir mit der offiziellen Vorgabe, sie wieder in das Arbeitsleben zu integrieren. Ich kann behaupten, dass neunundneunzig Prozent dieser Menschen nicht auf die Idee kommen, das System oder ihre gesellschaftlichen Konditionierungen als Urheber der Probleme zu identifizieren. Sie suchen die Ursache oder „die Schuld" mit einer erschreckenden Beharrlichkeit bei sich selbst. Sie fühlen sich wie Versager, Schwächlinge und Schmarotzer, die nichts zum Gesellschaftsleben beizutragen haben. Die Überzeugung der Schuld und Minderwertigkeit sitzt so tief, dass es nicht einmal etwas nützt, wenn man dem Menschen die Mechanismen der Manipulation direkt vor Augen führt.
Die scheinbar einzige Möglichkeit, um eine Erkenntnis im Menschen herbeizuführen, sehe ich darin, ihn an seine Seele zu erinnern, und das mit einer Konsequenz, die jedem Widerstand trotzt. **Erwähnte ich schon, dass ein wahrer Lehrer damit klarkommen muss, nicht geliebt zu werden?** Er muss den Widerstand, ja sogar den Hass seines Schülers aushalten, auch wenn er am Ende ganz allein dasteht, weil alle sich gegen ihn verschworen haben. Ich möchte bestimmt nicht behaupten, dass sich meine Klienten mich bewusst als Lehrerin ausgesucht haben. Da ich jedoch keine Wellness-Beraterin sein kann, läuft es auf potenzielle Transformation hinaus, und das ist schließlich das, worauf jede Seele aus ist.

Also besinne ich mich vornehmlich auf die Kommunikation mit der Seele eines Menschen. Ich bringe seine Aufmerksamkeit so gut es geht dahin, nach innen zu lauschen. Das führt bestenfalls dazu, dass der Mensch einsieht, dass er im Sklavensystem seine Lebenskraft nicht weiter verheizen lässt. Dass er beginnt, für sich zu sorgen, seine Berufung zu finden und seine Grenzen auf gesunde Weise zu wahren. Das ist praktisch der Raum der Heilung, der nötig ist, alte Wunden zu versorgen, sich zu regenerieren und sein eignes Energiesystem wieder in Balance zu bringen. Erst wenn dieser Vorgang abgeschlossen ist, kann man mit voller Kraft ein neues Leben beginnen. Deshalb werden die Menschen von mir immer dazu ermutigt, eine Zeit lang die finanzielle Versorgung, für die sie schließlich auch bezahlt haben als Arbeitnehmer, weitestgehend zu nutzen, um sich in Ruhe auf ihre Heilung zu fokussieren. Aber bitte nicht, um danach wieder in die alte Lebensweise zurückzukehren, wo der nächste Burnout vorprogrammiert ist.

Der Titel dieses Kapitels deutet also nicht darauf hin, dass die Seele selbst eine dunkle Nacht erlebt, sondern dass unser abgetrenntes Selbst in dieser dunklen Nacht am weitesten weg von dem Licht unserer Seele zu sein scheint. Wir können davon ausgehen, dass selbst diese schmerzvolle Erfahrung von unserer Seele vor unserer Inkarnation so gewählt wurde, weil jede menschliche Erfahrung eine Erfahrung des Getrenntseins von der Quelle ist, mit der Absicht, auf irgendeine Weise wieder zurück zu ihr zu gelangen. Die Art, *wie* das geschieht, macht den vielfältigen Erfahrungsschatz des Menschen aus.

Die Seele lernt also aus diesen Erlebnissen und weist unaufhörlich darauf hin, wo der Heilige Gral zu finden ist, nämlich in uns selbst.

## 15. Vom Krankheitssystem zum Heilsein

Da wir gerade schon auf die Schulmedizin zu sprechen kamen, möchte ich nun auf das Thema Gesundheit nach dem Verständnis der Neuen Erde eingehen.

Vielleicht kennst du die Geschichte, wonach im alten China ein Arzt nur solange bezahlt wurde, bis jemand krank wurde, sodass er von der Gesundheit der Menschen lebte. Dadurch hatte er ein echtes Interesse daran, dass sein Patient gesund blieb. Wie alle alten Kulturen wusste auch die *Traditionelle Chinesische Medizin* (TCM) von der Energielehre und somit davon, dass Krankheit eine Blockade der Lebensenergie und somit ein Zuviel oder Zuwenig an Energie die Ursache für alle Symptome ist.

Demnach gibt es nur *eine* Krankheit, genauso wie es nur *eine* Gesundheit und keine *Gesundheiten* gibt. Krankheit ist eine Folge von fehlender energetischer Balance. Diese Tatsache wird von der Schulmedizin weitestgehend außer Acht gelassen, genauso wie das Phänomen, dass physische Symptome eine Folge von geistiger Ausrichtung sind. Insofern ist die Schulmedizin bestenfalls eine Ergänzungsmedizin, und das, was heutzutage als Alternativmedizin bezeichnet wird, bietet in Wirklichkeit den Ansatzpunkt, auf dem unsere Gesundheit wiederhergestellt werden kann.

*„Krankheiten sind ein ernstes Gespräch Gottes mit dem Menschen. Mit deinem Schmerz, der auch der seine ist, teilt er dir gleichzeitig deinen inakzeptablen Lebenswandel mit. Ändere ihn, und deine Krankheit wird weichen."*

Anastasia, »Anasta: Anastasia, Band 10«, S. 9

Gesundheit ist der Zustand, in welchem wir in Einklang mit der Natur in uns und um uns herum leben. Es ist der Zustand des Einheitsbewusstseins, unser Ursprung. Wir haben uns als Schöpfer selbst mit umfassender Gesundheit erschaffen. Wenn wir uns das vergegenwärtigen, können wir jederzeit in diesen Zustand zurückkehren. Wir werden eine Zeit erleben, vielleicht nicht jeder in diesem Leben, aber vielleicht dann im nächsten, in der es keine Ärzte mehr geben und nur eine Erinnerung daran in Büchern zu lesen sein wird.

Das mag sich prophetisch anhören, aber ich möchte daran glauben. Diese Vision nährt sich jedoch nicht nur aus Wunschdenken, sondern gründet auf der Erkenntnis, dass wir in Wahrheit heil sind. Daran können wir uns nun wieder erinnern.

Wenn wir beispielsweise die Botschaft von Anastasia recht verstehen, so dämmert uns, dass viele von uns aktuell noch in einer krankmachenden Gesellschaft leben. Erwähnt sei hier nochmals die Industrie, die entfremdete Arbeitswelt, die Umweltverschmutzung und auch unsere Ernährungsweise.

Der Ausweg wird nicht nur von Anastasia, sondern auch vom Weisenrat des *NewEarthManifesto* und wahrscheinlich unzähligen anderen sehr konkret beschrieben. Der Mystiker Osho hat es einmal folgendermaßen auf den Punkt gebracht:

## THE WAY OUT IS THE WAY IN

Das klingt einfach und ist es auch. Unser Weg in die Heilung – nicht nur unserer eigenen, sondern auch die aller Lebewesen und der Erde – führt direkt nach innen. Aus unserer inneren Schöpferquelle heraus verstehen wir, warum es lebensnotwendig ist, alles Krankmachende fortan nicht mehr in uns hineinzulassen – sei es in Form von Nahrung, Nachrichten, schlechter Luft oder Suchtstoffen jeglicher Form. Nebenbei bemerkt ist Pornographie auch eine von Satanisten installierte Suchtstruktur, um uns von unserer natürlichen Sexualität zu trennen. Verzeih mir, falls du dich nun ertappt fühlst, aber ich will ehrlich mit dir sein.

In unserer Suchtgesellschaft kann uns all das krank machen, was uns aus der Balance wirft. Ob Alkohol, Nikotin, Kick (Gefahr), Spiel, aber auch Romantik oder Geltung gehören dazu. Wenn wir nach innen schauen, fühlen wir das, was wirklich ist – göttliches Bewusstsein. Bewusst können wir weder uns noch jemand anderem Schaden zufügen.

Unser gesunder Menscheninstinkt will Gutes tun und strebt nach Harmonie, einfach weil sich das gut anfühlt. Es ist auch ein Ausdruck von Vernunft, kooperativ zu sein und Symbiosen einzugehen mit allem, was uns umgibt.

Aktuell besteht unsere Gesellschaft größtenteils aus Menschen, die leider noch hochgradig vergiftet sind – mental und körperlich. Es ist also unerlässlich, dass eine systematische Entgiftung stattfindet. Und zwar erst geistig und dann körperlich, denn wie wir wissen, geht der Geist der Materie voraus.

Die Diagnostik der Schulmedizin legt für die Behandlung von Krankheiten einen Katalog von statistischen Mittelwerten zugrunde. Das Ganze basiert auf Prognosen und Schätzungen und unterliegt den Kriterien der Wirtschaftlichkeit.

Das glaubst du mir nicht? Nun, ich kann das aus eigener Erfahrung und anhand zahlloser Beispiele aus meinem Bekanntenkreis belegen. Als Privatpatientin bekomme ich „im Ernstfall" immer direkt beim Oberarzt einen Termin, aber der bringt auch immer direkt seinen Kalender mit, um mir mögliche Operations-Termine zu nennen. Die habe ich natürlich nie in Anspruch genommen. An mir verdienen die nicht so viel, wie sie gerne hätten. Ich könnte eine lange Liste von Falschdiagnosen und systematischer Angstmanipulation seitens der Mediziner aufzählen, aber ich möchte dich nicht damit langweilen. Wichtiger ist mir, dass du jegliche Diagnose von einem Arzt, und sei sie auch noch so schockierend, in Frage stellst. Und vor allem: Vergib ihnen, denn sie wissen nicht, was sie tun. Sie wollen vielleicht sogar helfen, aber tun genau das Gegenteil.

Ja, wir brauchen Heilung. Aber wenn nicht vom Arzt, von wem denn dann? Na, vom Heiler natürlich, von wem denn wohl sonst?

Das wird in den nächsten Jahren ein enorm großes Thema werden. Heil zu sein bedeutet, ganz zu sein, vollständig zu sein. Echte Heilung beginnt immer zuerst im Bewusstsein. Um wieder zu heilen, machen sich viele Menschen auf den Weg in neue Lebensgemeinschaften, wo zumindest ein geschützter Raum geschaffen wird, um sich von altem Ballast zu befreien und gemeinsam neue Lebensformen zu entwickeln. Bei der Auswahl der geeigneten Gemeinschaft würde ich darauf achten, welche Werte sie vertritt.

Manche Gemeinschaften haben sich dazu verschrieben, eine Gegenbewegung zu dem Status Quo aufzubauen, was manchmal eher anstrengend sein kann und weniger zielführend ist, da die meiste Energie und Aufmerksamkeit in das Dagegensein, also den Widerstand, gesteckt wird. Darauf werde ich im Kapitel „Neue Gemeinschaften" noch mehr eingehen.

Bis zu der Zeit, in der wir keine Heiler mehr benötigen, die uns helfen, wird es eine Übergangsphase geben, in der wir selbst zu unserem eigenen Heiler werden. Die Bewohner der Neuen Erde erinnern sich nun nach und nach wieder an die Heilkunst, nach der Geist, Energie, Kristalle, Schwingung, Klang, Licht, Pflanzenkunde, Fürsorge und Liebe eine wirkungsvolle Rolle spielen.

## 15.1. Heilung mit Klang

Hier möchte ich direkt vorwegschicken, dass Klang zu meinen Lieblingsthemen gehört. Mein auditiver Kanal ist sehr gut ausgebildet und meinem Hörorgan fehlt ein üblicher reflexartiger Mechanismus des sich Verschließens bei Störgeräuschen. Maschinen- oder menschengemachter Lärm ist demnach Körperverletzung für mich, und da kann ich ein Lied von singen. Meine besondere Verbindung zu Walen und Delfinen, die ich von Kindheit an spüre, liegt auch darin begründet, dass diese Tiere über Schallwellen kommunizieren. Ich vermute, dass ihnen der Lärm der Schiffe auch nicht gerade gefällt. Sie können sich ihm ja nicht entziehen. Ein Wal singt sein Lied, das er ein Jahr zuvor an einer bestimmten Stelle unterbrochen hat, genau an der Stelle weiter, wenn er wieder an den gleichen Ort gelangt. Das ist unglaublich bewegend.

Niemals vergesse ich das Klicken und Tönen der Delfine, das man besonders gut unter Wasser wahrnimmt. Mit wilden Delfinen im Meer zu schwimmen, gehört zu den schönsten Erfahrungen meines Lebens allein schon wegen des Klanges. Ich weiß, dass ich irgendwie zu ihnen gehöre, ob in der Vergangenheit oder Zukunft, kann ich nicht ausmachen. Wir sind womöglich einfach in der Gegenwart Seelengefährten. Delfine werden zu Therapiezwecken eingesetzt, weil ihre bloße Gegenwart heilsam wirkt.

Ein weiterer Aspekt meiner Liebe zu Klang ist der Umstand, dass meine Eltern in den achtziger Jahren ein Schallplattengeschäft führten und uns als Teenager zu sämtlichen Live-Konzerten mitnahmen. Ich bin also mit Musik aufgewachsen und von ihr geprägt worden.

Musik ist ein Ankerpunkt für mich in dieser Welt und ein wichtiges Tor für meine Wahrnehmung. Ich studierte Englisch, Französisch und Italienisch wegen des Klanges. Die italienische Sprache hat übrigens das gleiche Wort für die Bedeutung von *hören* und *fühlen*. Tatsächlich löst Klang bei mir die intensivsten Gefühle aus. Später bildete ich meine Gesangs- und Sprechstimme weiter aus und nutzte diese dann auch beruflich. Heutzutage helfen mir sämtliche Instrumente bei Heilbehandlungen mit Klang, als da wären der planetarische Gong, die Klangliege, Kristallklangschalen und -stimmgabeln. Es ist äußerst faszinierend, wie Klang den Menschen helfen kann. Ich vermute, es liegt daran, dass man sich ihm mit dem Verstand nicht entziehen kann. Genau das, was für mich mit der Lärmbelästigung manchmal ein Fluch ist, ist für die Heilung mit Klang dann ein Segen. Er schwingt durch alles hindurch, denn Schallwellen kennen keine Grenzen.

Auf dem planetarischen Gong erzeuge ich Klänge, die tatsächlich an Walgesang erinnern. Die Zuhörer tauchen dann wirklich ins Meer ab und kommen glückselig wieder an die „Wasseroberfläche" zurück.

Joachim-Ernst Berendt hat uns in seinem Buch »Die Welt ist Klang – Nada Brahma« gezeigt, dass alles aus Klang besteht. Mittlerweile wissen wir, dass die Pyramiden, genauso wie Steinklöster in Tibet mit Hilfe von Schwingung und Klang gebaut worden sind. Es wird berichtet, dass die schweren Steine damals unmöglich von einer menschengemachten Hebetechnik gehoben worden sein konnten.

Du kennst die Geschichte nicht? Dem kann Abhilfe geschaffen werden! Der schwedische Flugzeugingenieur *Henry Kjellson* veröffentlichte in seinem Buch »Die verlorenen Techniken« folgenden Erlebnisbericht:

„Der schwedische Arzt Dr. Jarl, ein Freund von mir, studierte in Oxford. In dieser Zeit freundete er sich mit einem tibetanischen Studenten an. Einige Jahre später, im Jahr 1939, machte Dr. Jarl im Dienste der englischen wissenschaftlichen Gesellschaft eine Reise nach Ägypten. Dort wurde er von einem Kurier seines tibetanischen Freundes aufgesucht und dringend gebeten, mit ihm nach Tibet zu kommen, um einen hohen Lama ärztlich zu behandeln. Nachdem Dr. Jarl von seiner Dienststelle den Urlaub erhielt, folgte er dem Kurier und kam nach einer langen Reise beim Kloster an, wo der alte Lama und sein Freund, der jetzt eine hohe Position inne hatte, sich befanden.

Dr. Jarl blieb dort während einiger Zeit, und wegen seiner Freundschaft mit dem Tibetaner lernte er viele Dinge kennen, die andere Ausländer noch nie zu hören oder zu beobachten bekamen. Eines Tages nahm sein Freund ihn mit zu einem Platz in der Nachbarschaft des Klosters und zeigte ihm eine schräge Wiese, welche im Nordwesten durch hohe Klippen umgeben war. In einer der Felsenwände, auf einer Höhe von ungefähr 250 Metern, war eine große Bohrung, die wie der Eingang zu einer Höhle aussah. Auf dem Absatz vor diesem Eingang war von den Mönchen eine hohe Mauer in Bau. Diesen Absatz konnten sie nur erreichen, indem sie mit Seilen herabgelassen wurden. Mitten auf der Wiese war ungefähr 250 Meter von der Klippe entfernt eine glattgeschliffene Felsplatte, in der wiederum eine Schale mit einem Querschnitt von 1 Meter und einer Tiefe von 15 Zentimetern ausgehauen war.

Ein Steinblock wurde in diesen Raum durch Yak-Rinder manövriert. Der Block hatte eine Seitenlänge von 1 Meter und eine Höhe von 1,50 Meter. In einem Abstand von 63 Metern von der Schale entfernt wurden 19 Musikinstrumente aufgestellt, und zwar in einem Viertelkreis. Der Radius von 63 Metern wurde genau ausgemessen.

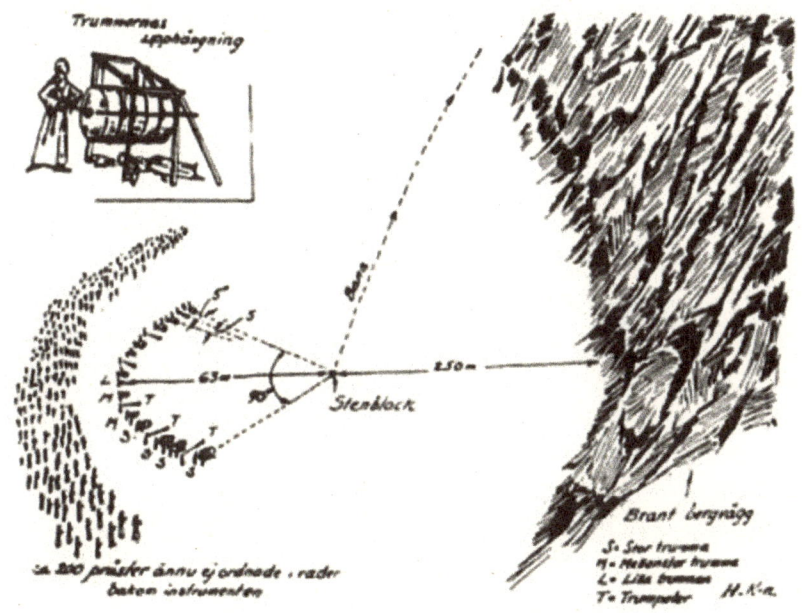

**Abb. 6:**
Zirka 200 Priester stehen hinter den Trompetern. Die Steinblöcke schweben in bogenform nach oben.

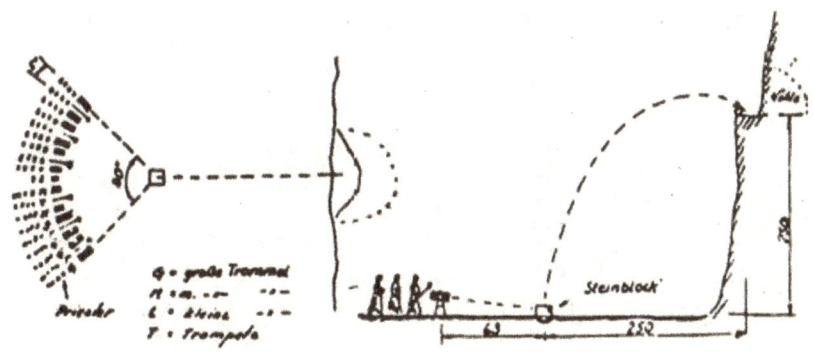

**Abb. 7:**
Andere Ansicht: Der Steinblock schwebt auf 250 Meter Höhe – nur durch Klang!

111

Die Musikinstrumente bestanden aus 13 Trommeln und 6 Trompeten (Ragdons). 8 Trommeln hatten einen Querschnitt von 1 Meter und eine Länge von 1,5 Metern.

Vier Trommeln waren mittlerer Größe mit einem Querschnitt von 0,7 Metern und einer Länge von 1 Meter. Die einzige kleine Trommel hatte einen Querschnitt von 0,2 Meter und eine Länge von 0,3 Meter. Alle Trompeten waren von gleicher Größe. Sie hatten eine Länge von 3,12 Meter und eine Öffnung von 0,3 Meter. Die großen Trommeln und alle Trompeten waren auf Einfassungen örtlich festgelegt, sodass sie in jede Richtung des Steins justiert werden konnten. Die großen Trommeln waren aus 3 Millimeter starkem Eisenblech gefertigt und hatten ein Gewicht von 150 kg. Sie wurden in fünf Abschnitten errichtet. Alle Trommeln waren an einem Ende geöffnet, während das andere Ende eine Unterseite aus Metall hatte, auf der die Mönche mit großen ledernen Keulen schlugen. Hinter jedem Instrument war eine weitere Reihe von Mönchen.

Als der Steinblock in Position war, gab der Mönch hinter der kleinen Trommel ein Signal, das Konzert zu eröffnen. Die kleine Trommel hatte einen sehr scharfen Ton und konnte sogar mit den anderen Instrumenten gehört werden. Alle Mönche in der hinteren Reihe sangen unaufhörlich Gebete oder Mantras und erhöhten langsam das Tempo dieser unglaublichen Geräusche. Während der ersten vier Minuten geschah nichts. Dann, da die Geschwindigkeit des Trommelns und der Geräusche sich erhöhte, begann der große Steinblock zu schaukeln, und plötzlich erhob es ihn mit einer zunehmenden Geschwindigkeit 250 Meter hoch in die Luft in Richtung der Plattform vor der Höhlenbohrung.

Nach drei Minuten des Aufstiegs landete er auf der Plattform. Ununterbrochen holten sie neue Blöcke zur Wiese, und die Mönche transportierten mit dieser Methode 5 bis 6 Blöcke pro

*Stunde auf einer parabolischen Flugschiene ungefähr 500 Meter weit und 250 Meter hoch.*

*Dr. Jarl hatte schon von diesem ‚tibetanischen Steinewerfen' gehört. Tibetexperten wie Linauer, Spalding und Huc hatten ebenfalls darüber gesprochen, aber sie hatten es nie gesehen. So war Dr. Jarl der erste Ausländer, der die Gelegenheit hatte, dieses bemerkenswerte Schauspiel zu sehen. Weil er Anfangs die Meinung hatte, dass er das Opfer von einer Massenpsychose war, drehte er zwei Filme von diesem Ereignis. Die Filme zeigten genau den gleichen Hergang, den er beobachten konnte. Die englische Gesellschaft, für die Dr. Jarl arbeitete, konfiszierte die beiden Filme und erklärte sie 50 Jahre als geheim.* "[12]

Doch zurück in unsere westliche, „moderne" Welt... Meine wärmste Empfehlung ist die Musik von Hildegard von Bingen für Frauenchöre sowie die einzigartige Stimme von Lisa Gerrard[13], der Sängerin von DEAD CAN DANCE.

Obertongesang, Seelengesang, Lichtsprache bzw. Seelensprache – letztere bestehen aus intuitiv geformten Lauten – sind wahre Offenbarungen, die gegenwärtig wieder mehr in Erscheinung treten. Früher haben vor allem Frauen mit Differenztönen, also ganz hohen Tönen, geheilt. Die schrillen Töne haben bewirkt, dass das, was im Körper nicht mehr geschwungen hat, eine Art Reset erfahren konnte, und wieder in Schwingung geriet.

Viele Instrumente, die von Naturvölkern selbst hergestellt werden, haben eine heilvolle Wirkung auf Mensch und Erde. Wer schon einmal bei einer schamanischen Reise dabei war, hat erlebt, wie der Trommelrhythmus in einen anderen Bewusstseinszustand führen kann.

Die wundervollste Erfahrung ist der Klang der Natur. Ich tanke am meisten auf, wenn ich den Klang des Waldes, des Meeres oder der Berge wahrnehme und dann auch wieder die absolute Stille, die ich bisher nur in der Wüste erlebt habe.

Wenn wir uns selbst von unserem inneren Lärm und die Welt von ihrem äußeren Lärm befreien können, brauchen wir keine Medizin mehr. Es gibt Musiker, die haben dieses Prinzip verstanden. Kate Bush beschreibt das in ihrem Lied SNOWFLAKE folgendermaßen:

Schneeflocke: ❀ „I was born in a cloud
Now I am falling, I want you to catch me
Look up, and you'll see me, you know you can hear me" ❀
Ich: „The world is so loud, keep falling, I'll find you"

## 15.2. Heilkraft der Pflanzen

Warum wohl wurden die sogenannten Hexen, die in Wahrheit Kräuterfrauen waren, zur Zeit der Christianisierung verfolgt und verbrannt? Auch wenn du die Antwort darauf womöglich bereits kennst, sei nochmals erwähnt, dass sie durch ihr Pflanzenwissen den Menschen helfen wollten, Krankheit zu heilen. Da Krankheit als Strafe Gottes verkauft wurde, wurden sie dadurch der Blasphemie bezichtigt, da sie sich angeblich zwischen Gott und den Menschen stellten.

Dieser Auffassung liegt ja zugrunde, dass Gott außerhalb von uns selbst liegt und uns bestrafen will, was eine zutiefst satanische Konstruktion ist. Auf Wunsch der dunklen Priesterschaft musste dieser Glauben um jeden Preis aufrechterhalten werden und ist bis heute eines der größten Probleme, das dazu führt, dass der Mensch klein und gefangen gehalten wird. Da können wir uns nur zu leicht vorstellen, dass die Handlanger der Priester, nämlich die Kirchenleute, etwas dagegen hatten, diesen Glauben zu entmachten, und sich lieber der Kräuterfrauen entledigten.

Jeder Mensch, der sich wie ich an diese schlimmen Dinge, die uns widerfahren sind, erinnert, hat vielleicht noch Spuren von Ängsten in seinem Zell-Gedächtnis. Nun ist es an der Zeit, das alles zu heilen und loszulassen. Heutzutage können wir uns unsere Macht zurückholen und auch unser Wissen wieder weitergeben. Wir brauchen keine Angst vor der Inquisition mehr zu haben, denn wir verfügen mittlerweile über die Mittel, die nötig sind, uns zu befreien.

Nun lass uns wieder zum eigentlichen Thema zurückkommen, den Heilkräutern. Heutzutage sprechen viele von Wildkräutern, weil alles, was draußen gezüchtet wird, also nicht im

Gewächshaus, viel mehr Inhalts- und Nährstoffe enthält, wie zum Beispiel sekundäre Pflanzenstoffe. Pflanzen, die draußen wachsen, müssen den Wetterbedingungen standhalten und werden dadurch widerstandsfähiger. Das wiederum führt dazu, dass sie potentere Stoffe bilden, die uns beim Verzehr dienlich sind.

Fast alles ist essbar und heilt uns. Wir heilen uns sozusagen durch die Natur. Also können wir einfach in der Natur umherstreifen und von ihr essen. Wenn wir in der Natur oder auf einen Landsitz leben, können wir auch selbst alle Nahrungsmittel anbauen. Anastasia rät den Gärtnern, die Samen, bevor sie diese in die Erde stecken, zuerst in den Mund zu nehmen und einzuspeicheln, damit der Same die Information unseres Körpers in sich aufnimmt und später die für uns bestmöglichen Pflanzenstoffe herausbilden kann.

In industriellen Großproduktionen sucht man vergebens nach natürlichen Vitalstoffen und sollte deshalb auch weitestgehend auf verarbeitete Produkte verzichten. Der Youtuber und Pflanzenkundler Timo Grätsch[7] erklärt dazu:

*„Esse nur das, wofür keine Werbung gemacht wird."*

Das macht Sinn, oder? Kräuter und grüne Gemüsesorten heilen zudem unser Herz – körperlich und auch energetisch –, da das Herzchakra mit der Farbe Grün in Verbindung gebracht wird.

Bei einem Vortrag der klarfühligen Ann-Kristin Schablowsky[8] lernte ich, dass man Wildkräuter am besten mit nur *einer* Sorte Obst kombiniert, um es dem Körper leichter zu machen. Außerdem sagt sie, dass man kein Gemüse mit Obst kombinieren soll, zum Beispiel bei Smoothies. Falls man im Winter keine Wildkräuter findet, kann man biologische Pulver nehmen, wie zum Beispiel Chlorella-, Moringa- oder Brennnessel-Pulver.

## 15.3. Geistheilung

Mir ist bewusst, dass auch bei diesem Thema bei manch einem die Alarmglocken läuten. Wenn wir uns nämlich mit geistigen Heilweisen beschäftigen, macht uns das stark und unabhängig, und das wollen manche wie gesagt nicht. Deshalb wird diesbezüglich einiges an Fehlinformation gestreut. Das Thema ist existenziell wichtig und wird auch in den kommenden Jahren noch viel mehr Raum einnehmen.

Bei mir selbst hat es lange gedauert, bis ich zu dieser Erkenntnis gelangte. Aufgrund meiner Bewusstseins-Entwicklung konnte ich mich nach vierzig Jahren Leben so langsam aber sicher von den meisten beschränkenden Glaubenssätzen befreien, sodass ich meinem Wesensursprung als Schöpferin und Heilerin wieder nahegekommen bin. Sicherlich birgt dieses irdische Leben noch die eine oder andere Herausforderungen, aber im Grunde genommen weiß ich, wer ich bin. Wie vermutlich die meisten alten Seelen erlebte ich viele Zeiten auf Erden.

Lemurien, Atlantis, das Alte Ägypten und Avalon sind mir vertraut, während noch frühere Zeiten sich noch im Hintergrund meines Bewusstseins tummeln. So hörte ich immer mehr den Ruf, geistige Heilweisen zu erlernen, oder vielleicht treffender formuliert, mich an sie zu erinnern. Da Heilsein unser natürlicher Zustand ist, können wir unseren Geist von hinderlichen Gedankenstrukturen befreien und unserer Gesundheit steht somit nichts mehr im Wege.

**Die Kunst, Gott nicht im Weg zu stehen, besteht letztlich darin, den Kanal zur Quelle frei werden zu lassen, damit das göttliche Bewusstsein durch uns wirken kann.** Da gleichwohl Gott sowieso in uns wohnt, ist der Weg somit in beide Richtungen frei, nach innen und nach außen, was eigentlich auch eins ist, da diese Unterschiede auf feinstofflicher Ebene nicht existieren.

Im Grunde genommen ist alles echte Heilen ein geistiges Heilen. Der physische Körper ist ja nur die für „Normalsterbliche" sichtbare Hülle, an der herumgedoktert wird, ohne zu berücksichtigen, dass er nur eine Manifestation der feinstofflichen Körper ist. Bei jedem chirurgischen Eingriff sollte immer ein Geistheiler oder Schamane dabei sein, um Kontakt zur Seele aufzubauen. Hier könnte man das eine oder andere Trauma verhindern. Menschen, die Nahtoderlebnisse hatten, berichten davon, dass sie alles mitbekommen haben, was im Raum geschehen ist, in welchem ihr scheinbar toter Körper sich befand.

Ich selbst habe geistige Heilweisen bei einer Heilerin und Seelenleserin gelernt, nutze sie bei meiner Arbeit mit Menschen und konnte mich somit von ihrer Wirkung überzeugen. Eines der kraftvollsten Erlebnisse ist eine *Behandlung* mit einem Geistheiler, bei der ich einen enormen Quantensprung meines Bewusstseins erleben durfte. Meine Seele ist in dieser Situation ganz in meinen physischen Körper geflossen, genauer gesagt in meinen Kopf mit der Zirbeldrüse als Mittelpunkt. Daraufhin wurde mir scherzhaft nahegelegt, auf Fotos nun einen Heiligenschein um meinen Kopf zu malen. Ich glaube allerdings, das wird nicht nötig sein, denn die Menschen, die mit dem Herzen sehen, werden es sowieso wahrnehmen.

Während meiner Einweihung in geistige Heilweisen, die offiziell wenige Wochen vor dieser speziellen *Behandlung* endete – es war wohl die Vorbereitung darauf –, wurde mir die Welt des Geistes und der Seele offenbart. Das Entdecken und Wiedererinnern der Erkenntnisse dieser Welt endet wahrscheinlich niemals. So habe ich danach auch weiterhin viele spirituelle Schulen und Lehrer aufgesucht und konnte meinen Erfahrungsschatz stets erweitern.

Ich spreche absichtlich von „Erfahrungsschatz", weil uns Wissen nichts nutzt, wenn wir es nicht anwenden, also nicht ins Irdische übersetzen. Es geht darum, es auf die Erde zu bringen, es hier anzuwenden. Wir erfahren auf diesem Weg, wie wir unser eigenes Energiesystem heilen können, indem wir es reinigen, aktivieren und stabilisieren. Etwas auf die Erde zu bringen, beinhaltet ebenso, sich selbst auf die Erde zu bringen, indem man auf die eigene Erdung achtet.

Auch geht es darum, die eigne Medialität freizulegen. Ich sage freilegen, weil es lediglich darauf hinausläuft, sich an etwas zu erinnern, das man bereits weiß, und was nur verschüttet ist. Wir alle haben telepathische Kanäle, das dritte Auge, den „sechsten Sinn" und sämtliche Hellsinne. Im Kapitel 17 „Wahrheit kannst du fühlen" gehe ich auch auf das Hellwissen noch näher ein.

Bei all dem braucht es eine gewisse Offenheit, und es erfordert meistens auch einiges an Übung. Aber ich verspreche: Es lohnt sich!

## 15.4. Kristalle, Edelsteine und Licht

Natürlich haben Kristalle und Licht eine Wirkung auf uns, auch wenn wir das vielleicht nicht gleich merken. Nachdem ich auf der Reise zu den Bahamas, wo ich den wilden Delfinen begegnete, eine Frau namens Heidi kennenlernte, erhielt ich kurz darauf einen großen Karton voller Bergkristalle. Diese hatte sie eigenhändig aus einer Berghöhle geborgen und mir aus Liebe zugeschickt. Seitdem stehen sie im ganzen Haus verteilt und helfen mir beim „Energiehaushalt".

Du hast vielleicht davon gehört, dass in Atlantis mit Hilfe von Kristall-Technologie ganze Städte belichtet und beheizt wurden, ja sogar Teleportation damit betrieben wurde. Es gibt vielfache Anwendungen und Arten von Kristallen und Edelsteinen. Hier seien die Tachyonen als Energieträger und Shungit speziell zur Energetisierung von Wasser genannt. Dazu kann ich sagen, dass ich Shungit getestet habe und eine Verbesserung der Wasserqualität bestätigen kann.

Dass wir Sonnenlicht benötigen und dieses unsere Gesundheit positiv beeinflusst, brauche ich wohl nicht zu erklären. Es gibt sogar Menschen, die sich von Sonnenlicht ernähren, natürlich nur mit einer absolut klar ausgerichteten geistigen Führung, also nicht einfach so zur Gewichtsreduktion.

Es gibt die Lichttherapie und alle möglichen raffinierten Geräte zur Selbstanwendung, als da wäre der Lichtstift. Einer der bekanntesten Forscher zum Thema Lichttherapie ist der Biophysiker Prof. Dr. Fritz-Albert Popp, der sich dem Thema Biophotonen gewidmet hat und nachweisen konnte, wie diese Krankheit heilen. Er sagte einmal, dass der Mensch im Wesentlichen ein Lichtwesen sei.

Wir wissen, dass die Skandinavier aufgrund ihrer geringen Sonnenstrahlung schon lange Vitamin D einnehmen, und wir sind seit ein paar Jahren auch auf den Geschmack gekommen. Flüssiges Vitamin D ist davon abgesehen für die Heilung aller möglichen Symptome zuträglich.

Allerdings ist direktes Sonnenlicht auf möglichst viel nackter Haut immer die erste Option für die eigene Gesundheit. Auch für die Augen ist natürliches Licht grundsätzlich gut, also verzichte ab und zu mal auf die Sonnenbrille, wenn es geht. Das heißt natürlich nicht, dass du von nun an ständig in die Sonne schaust, aber gönne deinen Augen ruhig das natürliche Licht, das sie benötigen, und meide künstliches Licht, besonders Bildschirme, wo du nur kannst. Ich verwende für die Bildschirmarbeit eine Brille mit Blaulichtfilter.

## 15.5. Körperarbeit

Während meiner Aufenthalte in Indien und von meinem Partner, der deutschlandweit andere Menschen in Körperarbeit ausbildet, lernte ich diverse Techniken, und weiß daher um die Heilkraft der achtsamen Berührung. Der Zugang über den Körper ist für die meisten Menschen am leichtesten.

# 16. Neue Gemeinschaften

Bereits in meinen Zwanzigern habe ich mir sämtliche Gemeinschaften angeschaut, hauptsächlich mit spiritueller Ausrichtung, weil ich grundsätzlich davon überzeugt war, dass sich Menschen mit ähnlicher geistiger Ausrichtung im Miteinander doch bereichern könnten. Was mir allerdings dabei immer auffiel, waren Teilnehmende, die gern die Verantwortung an jemand anderen, bestenfalls einen Guru oder eine Führung, abgeben wollten, damit sie selbst sich nicht allzu viel zu bewegen oder weiterzuentwickeln brauchten. Dies geschieht meines Erachtens aufgrund eines nicht erlösten Anhaftens an Mama oder Papa.

Das Bedürfnis jener besteht darin, dass jemand anderes Sicherheit vermitteln und versorgen soll. Diesen Vorgang spiegelt die Metapher „Vater Staat" sehr treffend wieder. Bürger der Beamtenmentalität erwarten vom Staat, er solle alles regeln und ihn versorgen, ihm am besten auch vorgeben, was er tun soll. Diese übertriebene Sucht nach Reglements haben wir in den letzten Jahren in Höchstform erlebt.

Meine Vision besteht darin, dass wir nun *erwachsen* werden, nämlich aus diesen kindlichen Strukturen *herauswachsen* und in unsere Selbstermächtigung gehen. Dadurch entsteht unweigerlich ein Bedürfnis nach Selbstverantwortung und Selbstbestimmtheit. Die Phase der Autarkie ist wichtig, um danach in ein echtes Miteinander zu kommen, in welchem die Bedürfnisse des Einzelnen mit den übergeordneten Bedürfnissen der Gemeinschaft verschmelzen.

Bei sämtlichen Netzwerktreffen der letzten Jahre fällt noch etwas auf, nämlich, dass viele Menschen sich vornehmlich im Mentalfeld aufhalten. Damit meine ich, dass sie sich übermäßig mit Theorien beschäftigen und gedanklich in den Strukturen der alten Matrix umherschwirren. Sie identifizieren sich mit ihren Meinungen und Ansichten und sind somit nicht wirklich offen für das Potenzial, welches jenseits von bekannten Strukturen liegt.

Ich bin zutiefst davon überzeugt, dass die Neue Erde in der zukünftigen Version unserer selbst schon existiert, auch wenn wir uns das derzeit in unserem Tagesbewusstsein vielleicht konkret noch nicht so richtig vorstellen können. Wenn wir uns für die unendlichen Möglichkeiten unserer Existenz in der Zukunft öffnen lernen, besteht eine reelle Chance, dass wir diese Welt auch manifestieren. Die Menschen, deren Vision die Neue Erde ist, lösen sich aus dem alten System von Mangel und Konkurrenz, weil sie erkennen, dass Ko-Kreation eine Folge des selbstlosen Liebens ist. Die Natur macht uns vor, wie dadurch, dass Symbiosen gebildet werden, ein harmonisches Miteinander entsteht. Dieses harmonische Miteinander basiert auf dem Grundverständnis, dass jeder der Gemeinschaft, wenn sie einen höheren Sinn erfüllt, auf natürliche Weise dient. Nicht er selbst steht im Mittelpunkt, sondern dieser höhere Sinn, der unbedingt in Einklang mit der göttlichen Quelle schwingt.

Aufgrund meiner Fähigkeit, Menschen klar lesen und fühlen zu können, sind mir in der sogenannten Wahrheitsbewegung zwei grundsätzliche Typen von Menschen besonders aufgefallen. Zugegebenermaßen kann ich mich mit beiden identifizieren und kenne beide Rollen. Mit der notwendigen Portion aus Empathie und gesunder Desidentifizierung gelingt hier ein interessantes Bild.

- Zum einen sind da die Revoluzzer par excellence. Die, welche zum Aufbruch bereit sind und handeln, indem sie zum Beispiel Gemeinschaften, Gallische Dörfer und Ver-

eine gründen, bei denen aber manchmal das Bewusstsein, die Intuition, das Innehalten und Fühlen zu sehr in den Hintergrund rücken. Die Betonung liegt bei ihnen auf Aktion, manchmal artet das in blindem Aktionismus aus. Sie gehen auf Demos und verbringen ihre Lebenszeit in Telegram-Gruppen, wo mitunter sehr viel geschwafelt wird, ohne konstruktiv etwas auf die Beine zu stellen.
Oftmals richtet sich ein Großteil der Aufmerksamkeit **gegen** etwas: die Regierung, die Neue Weltordnung oder ganz konkret die Geimpften. Man redet die ganze Zeit über Dinge, die man **nicht** will.

- Das Pendant dazu will im Grunde das Gleiche, vertritt es aber mit einem anderen Ansatz. Es sind diejenigen, bei denen das Herz intensiv fühlt und weiß, dass die Welt so, wie sie ist, nicht in Ordnung ist. Sie nehmen sehr viel wahr und sind hochempfindsam. Es fehlt ihnen jedoch tendenziell an Manifestationskraft. Ihr Geschenk in die Welt zu geben oder ihr Projekt auf die Straße zu bringen, fällt ihnen schwer, weil sie so sehr mit ihrem eigenen Schmerz und dem kollektiven Schmerzkörper beschäftigt sind.

Ich mag an dieser Stelle vorschlagen, dass eine Synthese aus beiden die ideale Voraussetzung für eine gelingende Gemeinschaft der Gegenwart wäre. Beide Archetypen haben nämlich etwas gemeinsam: sie nutzen ihre Gefühle noch nicht konstruktiv. Die Gefühle, die wir auf irdischer Ebene erleben können, sind einzigartig und machen unser Menschsein aus. Wenn also beide Gruppen ihre Emotionen, die durchaus als Antrieb für Veränderung dienen, fühlen können, um sie als Treibstoff ihrer Manifestation zu nutzen, kann daraus Ko-Kreation entstehen. Beide können sich auch vom jeweils anderen ein Scheibchen abschneiden und die Qualitäten des anderen integrieren. Dies kann in beiderseitigem Verständnis füreinander zu wahren Wundern führen. Unser Bedürfnis nach Gemeinschaft – und das muss nicht unbedingt eine Lebensgemeinschaft sein, sondern durchaus auch eine geistige Gemeinschaft – ist immens. Die Zeit der auferlegten Individuation und Trennung hat dieses Bedürfnis noch befeuert, sodass auch die Rückkehr ins Einheitsbewusstsein eine Folge daraus ist. Man hört auf, sich nur um sich selbst zu drehen, und beginnt zu erkennen, dass alles mit allem verwoben ist.

In diesem Bewusstsein kann eine Lebensgemeinschaft bzw. Dorfgemeinschaft auch funktionieren. Da jeder Mensch seine eigene seelische Signatur mit einbringt, erfüllt er auch seine Aufgabe innerhalb einer solchen Gemeinschaft. Einer übernimmt vielleicht gern Verantwortung und koordiniert bestimmte Prozesse, ein anderer mag gern künstlerisch tätig sein oder wiederum ein anderer handwerklich. Wenn jeder genau das beiträgt, was ihm entspricht und nicht von jemand anderem zu etwas genötigt wird, kann sich doch jeder glücklich schätzen, seinen Teil zum Ganzen beizusteuern. Wenn jede Aufgabe bzw. Arbeit innerhalb der Gemeinschaft als gleichwertig betrachtet wird, und man das Geldsystem als Grundlage der Wertigkeit herausnimmt, kann die Harmonie als natürliches Bedürfnis eines jeden Menschen entstehen.

Ich könnte mir vorstellen, dass das Prinzip von Führerschaft, im Sinne von Verantwortung zu übernehmen, im Großen wie im Kleinen angewendet werden kann. Einer Gemeinschaft kann dementsprechend ein Weisenrat vorstehen, der natürlich im Austausch mit allen Bewohnern agiert, und jedes Werk, jede Zunft oder jedes Betätigungsfeld kann auch einen oder mehrere Medizinleute oder Zunftälteste haben, die zu Rate gezogen werden können. Das Prinzip kennen wir von der Stammeskultur, in welcher der Weisheit der Stammesältesten vertraut wurde. Wobei es aus meiner Sicht nicht unbedingt die körperlich Ältesten sein müssten, sondern vielleicht auch die seelisch Ältesten.

Wenn du dich nach all den Gedanken fragst, ob wir dieses hohe Ideal in naher Zukunft verwirklichen können, so muss ich dir ehrlich sagen, dass ich es nicht weiß. Ich möchte daran glauben, doch wenn ich mir die Menschen aktuell anschaue, gibt es noch sehr viel zu tun bis dahin. Mein Job besteht darin, die Menschen aufzuwecken und zu erinnern, aber ich kann nicht verhindern, dass sie wieder einschlafen. Das steht nicht in meiner Macht. Wenn wir uns aber umsehen, entsteht aktuell Vielversprechendes. Am Ende des Buches gibt es die bereits erwähnte Liste von „Projekten und Gemeinschaften", und ich plane, auf meiner Vereinsseite *Hüter des heiligen Raumes*[9] eine Art Netzwerk entstehen zu lassen.

Wie schon mehrfach angedeutet, bin ich in Netzwerke, Gemeinschaften und Seminare hineingegangen, um sie zu erkunden, auch innerhalb der aktuellen Wahrheitsbewegung. Was ich fand, waren grandiose Ideen, auch wundervolle Erfahrungen und Begegnungen, aber letztlich sind da draußen größtenteils noch die meisten in der Phase des Suchens. Vor allem bei den passiven „Besuchern" erlebte ich Menschen, die unbewusst ihre persönlichen Defizite in der Gruppe zu kompensieren versuchten.

Mir ist an dieser Stelle wichtig, zu betonen, dass das eben Gesagte meiner persönlichen Wahrnehmung entspricht und die meisten anderen mit all dem schon zufrieden wären. Zugegebenermaßen bin ich anspruchsvoll. Ich habe hohe Ideale und bin nicht geneigt, sehr viel davon abzuweichen. Meine Erfahrung zeigt, dass faule Kompromisse mir bisher nur geschadet haben.

Mein eigenes Verstehen all dieser Dinge soll mich vermutlich in eine bestimmte Richtung ziehen, mich wahrscheinlich auf eine bestimmte Aufgabe vorbereiten. Ich habe da so eine Ahnung, was auf mich zukommen könnte. Ich erwarte natürlich nur das Beste. Ich hoffe, du gestehst mir zu, dass durch ein hohes Ideal auch etwas wirklich Gutes entstehen kann. Selbst wenn nur die Hälfte verwirklicht werden würde, wäre es dann schon richtig gut, oder?

Ich gestehe sogar, dass ich zuweilen frustriert bin, da ich es nicht erwarten kann, das Paradies auf Erden zu bewohnen. Natürlich kann sich ein jeder sein eigenes Paradies erschaffen, aber ich finde es recht unbefriedigend, wenn man dann allein darin lebt. Ich bin schon irgendwie auch ein soziales Wesen. Dabei wird mir klar, dass ich eine sehr lange Zeit in meinem Leben vor dem Alleinsein geflohen bin. Ich hatte keine Veranstaltung, keine Party ausgelassen und habe mich auch viel zu oft in toxische Beziehungen geflüchtet. Bei beruflichen Kooperationen kam noch hinzu, dass sie immer kläglich scheiterten und oft sogar im Streit endeten. Da zweifelt man zwischendurch schon an seiner Beziehungsfähigkeit. Weil mir aber immer wieder große Empathie und Umgänglichkeit bestätigt wurden, konnte das eigentlich nicht daran gelegen haben.

Wie immer bekommt man tiefere Erkenntnis, wenn man aus Sicht der Seele darauf schaut. Aus dem Scheitern darin, mein Heil bei anderen zu suchen, lernte ich konsequent, nach innen zu gehen, mich selbst kennenzulernen, mir zu vertrauen und meine Stärke zu entwickeln. Im Zuge dessen lernte ich auch, meiner inneren Führung zu vertrauen und mich dem Fluss des Lebens hinzugeben. Dadurch, dass ich mich schon seit 2019 in Gruppenkontexten, in denen alle jammerten, nicht mehr wohl fühlte, geschah es, dass ich in meine Rolle als *Spiritual Leader* hinein katapultiert wurde.

Ich weiß nicht, wie ich es anders ausdrücken soll. Ich fand mich wieder und wieder in Situationen, in denen ich die Einzige war, die von der Neuen Erde beziehungsweise dem Aufwachen erzählte und mir zu meiner Überraschung auch noch andächtig gelauscht wurde. Ob ich verstanden wurde, kann ich nicht behaupten, aber man kam wohl auf den Geschmack, wie es sich anfühlt, die Welle zu surfen.

Bitte glaube mir, wenn ich dir sage, dass ein Teil in mir die Rolle als Spiritual Leader befremdlich findet, da dieses Wissen für mich so klar und selbstverständlich ist. Ich kann mir einfach nicht vorstellen, dass ein Mensch es noch nicht weiß. Außerdem mag ich nicht angehimmelt werden, weil es da nichts anzuhimmeln gibt. Menschen in der Öffentlichkeit oder auf einer Bühne laufen immer Gefahr, von anderen nicht nur missverstanden, sondern sogar verwünscht zu werden. Das ist wirklich kein Spaß und erfordert geistige Hygiene und Schutzvorkehrungen. Daher möchte ich möglichst nicht als Projektionsfläche dienen. Jemand, der von anderen zur Bewunderung auf einen Sockel gestellt wird, kann, schneller als er sich versieht, auch wieder von dem Sockel hinuntergestoßen werden. Außerdem wird damit ja auch wieder das Retter-Syndrom bedient und der Mensch projiziert nach außen, was er eigentlich selbst erledigen muss.

Ich bin zutiefst davon überzeugt, dass für die Erschaffung einer Gemeinschaft von Gleichgesinnten auf Augenhöhe jeder Mensch darin absolut aufgeweckt und autark werden muss. Die Zeit der Gurus ist wohl endlich vorbei.
Vielleicht soll ja jeder letztlich sein eigener Spiritual Leader werden, und bis es soweit ist, spielen halt manche von uns jetzt schon einmal diese Rolle. Vielleicht ist es wie bei der Schetinin-Schule, bei der jeder den anderen an etwas erinnert, das er ein-

fach vergessen hatte (mehr zu dieser Schule in Kapitel 20). Nun gut, mit dieser Vorstellung nehme ich diese Rolle gern vorübergehend an.

Eine gesunde Gemeinschaft braucht zudem ein Grundverständnis von bewussten Beziehungen. Wie wir gemerkt haben, können Beziehungen grundsätzlich funktionieren, wenn jeder bei sich selbst aufgeräumt hat und dann klar ausgerichtet in Beziehung tritt. Man nimmt sich gegenseitig nichts weg, sondern gibt, was es zu geben gibt. Wenn dabei das männliche und weibliche Prinzip in Harmonie ineinander wirken, geht es noch etwas tiefer in ein echtes Zusammensein.

Das männliche Prinzip ist elektrisch, aktiv, zielgerichtet, dynamisch und auch beschützend. Das weibliche Prinzip ist magnetisch, empfangend, raumhaltend, still und sehr intuitiv. In jedem von uns wirken beide Prinzipien, und es kommt darauf an, wie wir sie orchestrieren und harmonisch mit ihnen spielen, so dass eine harmonische Melodie dabei herauskommt.

Wir können ab sofort damit beginnen, von unserer Vision einer gesunden Gemeinschaft und auch Beziehung zu sprechen. Wir können anfangen, nach diesen Prinzipien zu leben und somit aufhören, in die erlernten Muster zurückzufallen. Sicher ist, dass uns dabei neue Menschen begegnen werden, mit denen wir wachsen können.

# 17. Wahrheit kannst du fühlen

Sich dem Thema Wahrheit zu widmen, erfordert wache Klarheit und Mut. Man weicht dem Thema allzu oft aus, nur um niemandem auf den Schlips zu treten oder sich nicht festzulegen. Viele schmettern ihre Verantwortung für die Wahrheit einfach ab, indem sie sagen, dass sie die Wahrheit nicht kennen würden oder sich auch täuschen könnten mit dem, was sie kurz vorher aus voller Überzeugung noch *wahr*nahmen.

Für unsere Entwicklung in ein größeres WIR halte ich es für unerlässlich, sich klar dazu zu äußern. Lebendige Meister, denen ich begegnet bin, unterscheiden zwischen **absoluter Wahrheit** und **relativer Wahrheit**. Absolute Wahrheit offenbart sich in den Schöpfungsgesetzen. Die kosmischen Gesetze findet man ausreichend beschrieben in der Lehre von Hermes Trismegistos, welche nach ihm benannt als *Hermetik* bekannt sind. Sie sind existenziell grundlegend und stehen nicht in Abhängigkeit zum Menschen. Im Gegensatz dazu richtet sich die relative Wahrheit nach dem individuellen Menschen- und Weltbild eines jeden Erdenbewohners mit Erkenntnisfähigkeit. Jeder von uns hat auf dieser Ebene seine eigene Landkarte, auf der er seine Wirklichkeit wahrnimmt und damit seine Wahrheit ermittelt.

Erlaube mir die Kühnheit, es für möglich zu halten, dass es ein Feld gibt, in welchem sich relative Wahrheit und absolute Wahrheit begegnen. Wenn wir davon ausgehen, dass wir im kosmischen Schöpfungsplan in der göttlichen Quelle Teil dieser absoluten Wahrheit waren, müssten wir doch auch Momente der Kongruenz erleben können. Lass mich das nun konkret auf die Mikrobenkrise übertragen, um es sich plastisch vorstellen zu können: In der Plandemie-Zeit waren viele Menschen verunsichert darüber, was denn nun die Wahrheit sei. Es wurden Behauptungen als Fakten dargestellt. Fachfremde Emporkömmlinge profilierten sich als Experten und wurden als Handlanger des Systems auf die mediale Bühne gestellt.

Nun, mit etwas Abstand, gelingt uns der Blick auf diese Show von der Metaebene aus betrachtet hoffentlich etwas besser. Erinnern wir uns an den Punkt, an dem wir angefangen haben, Dinge, die uns als Wahrheiten präsentiert wurden, anzuzweifeln. Haben wir das getan, weil uns entgegengesetzte Tatsachen glaubwürdiger vorkamen? Mag sein. Doch wenn wir ganz genau hinfühlen, können wir uns daran erinnern, dass uns unser innerer Kompass früher oder später deutliche Signale gegeben hatte, die wir nicht mehr ignorieren konnten. Wir dachten so etwas Ähnliches wie: *„Das kann doch nun wirklich nicht stimmen!"* oder: *„Diesem Menschen vertraue ich, er ist integer ... ein mitfühlender Mensch."* Die Wenigsten von uns waren nämlich zuvor so gut vorbereitet, dass sie vom ersten Moment an alles durchschaut hatten. Das waren nur diejenigen, die sich schon früh mit ihrer Intuition verbunden hatten, womöglich zuvor schon lange nach der Wahrheit geforscht hatten.

Im Laufe der Zeit bekamen wir ein Gespür dafür, was die alte Welt ist. Dadurch konnten wir einen Ruf im Herzen hören, der uns die Melodie der neuen Zeitqualität vorgespielt hat. Wir wissen also bereits, wie sich die neue Welt anfühlt, weil wir ihre Schwingung schon spüren. Das ist so wie bei den Walen und Delfinen, die starke Glücksgefühle auslösen. Über diese neue Welt sollten wir immer öfter sprechen. Wenn wir uns ihr zuwenden, gebären wir miteinander das neue WIR.

Wenn wir mit unserem inneren Selbst verbunden sind, sind wir auch mit der universellen Quelle, aus der wir kommen, verbunden. Demzufolge erklingt in uns eine innere Glocke der Wahrheit, wenn wir jemanden sprechen hören, der auch in Verbindung mit diesem universellen Geist ist. Wir können möglicherweise die absolute Wahrheit sogar noch eindeutiger fühlen als die relative Wahrheit. In der Schöpferquelle sind wir also verbunden. Indem ich aus meinem inneren Selbst nun mit Hilfe dieses Buches zu dir spreche, spreche ich zu dir als dein eigenes inneres Selbst. Daher kannst du die Wahrheit fühlen, als ob du sie bereits weißt.

Falls dich das beunruhigt, liegt es vielleicht daran, dass ein Teil deines abgetrennten Selbst diesen Zugang noch blockiert. Je mehr dich meine Aussage *triggert*, desto weiter weg bist du möglicherweise noch vom Fühlen der Wahrheit. Sollte das so sein und du bist nun wütend geworden, bin ich froh, dass du wenigstens mit deinem Gefühl der Wut in Kontakt gekommen bist. Das ist immerhin ein Gefühl, mit dem man ja beginnen kann, sich überhaupt erst einmal zu verbinden. Richte die Wut aber bitte nicht gegen mich persönlich, sondern werde dir bewusst, dass sie in dir geschlummert hat und nur durch meine Aussage ausgelöst wurde. Falls du dich also ertappt fühlst, kann ich damit leben und *ich* verurteile dich gewiss nicht dafür. Das solltest *du* auch nicht tun.

Ich habe mir abgewöhnen müssen, irgendetwas persönlich zu nehmen. Menschen sind im Allgemeinen viel zu sehr mit sich selbst beschäftigt, als dass sie etwas wirklich bewusst an jemand anderen richten. Die meisten Dinge werden aus emotionalen Zuständen heraus einfach so dahingesagt.

Ich möchte dir die Praxis ans Herz legen, von nun an nichts mehr persönlich zu nehmen, was von anderen an dich herangetragen wird, sobald dein Herz dir sagt, dass es nicht dein Thema ist. Atme durch, halte inne, spüre in dich hinein und bleibe in deiner Wahrnehmung. Sie ist deine Wahrheit.

Was wir für ein größeres WIR benötigen, ist eine bessere Kommunikationsform. Deshalb bin ich überzeugt von der Form des achtsamen Gespräches mit voller Aufmerksamkeit, was man zum Beispiel in einer Coaching-Situation oder einem Zwiegespräch herstellen kann.

Eine andere Form der Kommunikation, von der ich viel halte, ist die Begegnung in Stille, in der echte Transformation möglich wird. So habe ich irgendwann begonnen, in meinem Praxis-Atelier einen Raum zu kreieren, wo Menschen zu mir kommen und wir uns nur in die Augen sehen ohne Worte. Man kann sich in dieser Begegnung nicht mehr hinter Worten und intellektuellen Konzepten verstecken. Man begegnet sich selbst und auch dem anderen *in echt*. Dadurch geschehen Momente der Wahrhaftigkeit, Momente jenseits des Egoverstandes, und das fühlt sich wundervoll an.

Für viele ist das Neuland und sie fürchten sich vor dem Unbekannten. Die einzige Möglichkeit, dass ein Mensch mutig genug ist, dieses Neuland zu entdecken, ist der innere Sog dahin. Wer jemals die Welle der Glückseligkeit geritten ist, will sich in den Ozean begeben. Es gibt also in uns ein natürliches Licht der Vernunft. Dieses merkt, wenn wir uns in einem Manipulationskontext befinden. Es dient uns als natürliches Immunsystem gegen Manipulation. Es bedarf allerdings unserer bewussten Entscheidung, dieses auch zu nutzen. In diesem Zusammenhang dürfen wir uns unseres eigenen Verstandes bedienen. Diese Form von Vernunft hat nichts mit dem Egoverstand des abgetrennten Selbst zu tun, sondern ist mit unserer Herzintelligenz verbunden.

Wenn wir bereit sind, beispielsweise die Illusion der vorgegaukelten Freiheit oder Demokratie anzuerkennen, können wir uns von ihr befreien. Dann können wir hinter die Strukturen der Lüge sehen. Dann wissen wir, dass wir der Wahrheit ein Stück nähergekommen sind, und erkennen unsere wahre Stärke. Die Pseudo-Weltelite fürchtet nichts mehr als mündige und selbstbewusste Menschen.

Wir dürfen nicht glauben, dass wir unterlegen sind und die Wahrheit nicht kennen können, nur weil wir vielleicht weniger gebildet oder intellektuell weniger fähig wären. Das wäre fatal. Wir haben die Fähigkeit, Wahrheit wahrzunehmen, aus der Massenhypnose aufzuwachen und hinter den Schleier des Offensichtlichen zu blicken, und zwar mit Hilfe unserer Herzintelligenz. Wir finden das Wahrhaftige auch in der Kunst und in der Musik wieder. Hast du dir schon einmal Leonardo da Vincis „Letztes Abendmahl" genauer angesehen? Dort siehst du nicht nur die Gefährtin Maria Magdalena an der Seite von Jesus, sondern auch eine gespiegelte Symbolik, die darauf hindeutet, dass sie ein Liebespaar waren.

**Abb. 8:** Da Vinci weist in diesem Bild durch Spiegelung sehr wahrscheinlich darauf hin, dass Jesus und Maria Magdalena ein Paar waren. Wenn man die Figur, die links neben Jesus sitzt – angeblich Johannes, der Täufer – ausschneidet und direkt an die rechte Seite von Jesus setzt, ist zu sehen, wie sie sich direkt an ihn schmiegt. Auch die blaue (männliche) Farbe ihrer Robe geht somit genau in den blauen Umhang von Jesus über. Im Vortrag von Mario Prass wird darauf ab Minute 38 hingewiesen.

Der Sprachforscher Mario Prass hat zum Thema Jesus erhellende Vorträge gehalten, die uns dazu veranlassen, den schulischen Religions- und Geschichtsunterricht ein wenig in Frage zu stellen – auch wenn manche seiner Thesen etwas weit hergeholt anmuten, weil sie massiv an unserem alten Weltbild rütteln.

Es fühlt sich einfach faszinierend an, sich auf eine potenzielle Wirklichkeit einzulassen, in der das Geschehen um den Menschen Jesus herum sich im deutschsprachigen Raum abgespielt haben könnte. Selbst wenn das real nicht so wäre, wirkt sich ein solches Erleben dieser Zeitlinie positiv auf unser Bewusstsein aus. Es führt uns näher zum Christus-Bewusstsein, und das kann niemals schaden. Hier der Link zum Video-Vortrag von Mario Prass: „Mario Prass – Spieglein Spieglein an der Wand".[10]

Wenn man sich mit den Essenern befasst, wird man auch herausfinden, dass Maria von Magdala, und auch noch andere Frauen, eine wichtige Rolle zu Jesu' Lebzeiten spielten. Es gibt inzwischen unzählige Channel-Medien, die dieses alte Wissen zu uns bringen. Es existieren zudem Schriften an geheimen Orten, wo man das alte Wissen noch finden kann. Und es steht darüber hinaus im Geistfeld auf ewig geschrieben. Dieses Wissen kann nicht gelöscht werden. Es fällt keiner Zensur zum Opfer wie bei YouTube beispielsweise. Natürlich wird versucht, es zu vertuschen. Aber die Wahrheit kommt ans Licht – früher oder später.

Immer mehr Menschen fällt inzwischen auf, dass das Weibliche von der christlichen Kirche bewusst todgeschwiegen und massiv unterdrückt wurde. Die Inquisition war ein tragisches Beispiel dafür. Und es genügt eigentlich, sich den heutigen Klerus anzusehen. Man fühlt das wahre Gesicht dahinter. Sie zeigen uns ihre satanischen Symbole sogar offen und ungeniert.

Als audiophiler Mensch kann ich das Wahrhaftige am besten in der Welt des Klanges spüren. Musiker haben uns besonders in der Moderne sehr viel über die gesellschaftlichen und politischen Zusammenhänge offenbart und uns in ihren Textstrophen die Augen für die Wahrheit hinter dem Schleier gezeigt. Man denke an altes deutsches Liedgut, aber auch an das Woodstock Festival, das Musical HAIR und die progressive Rockmusik der siebziger Jahre mit ihrer aussagekräftigen Lyrik. Man wandte sich gegen das Kriegstreiben und zeigte, wie ein friedliches Miteinander aussehen kann. Dass Woodstock in einer Schlammschlacht endete, war den wie auch immer gelenkten Veranstaltern geschuldet, die sowohl nicht genug zum Essen als auch zu wenige Toiletten organisiert hatten und die Festival-Teilnehmer mit ihren leeren Versprechungen provozierten. Das Publikum wartete wohl stundenlang auf bestimmte Acts und wurde immer wieder vertröstet, bis sie dann schließlich abgesagt wurden. In öffentlichen Medien wird es dann so dargestellt, als seien die Menschen wilde Tiere, die einfach nur aus Spaß rebellieren. Das erinnert auch wieder an die öffentliche Darstellung der Demonstrationen im Jahre 2020, als ein paar Hooligans dafür engagiert wurden, vor den TV-Kameras zu posieren. Ob da angeblich Antifa oder Neonazis am Werk waren, wurde dann je nach dem entschieden, was wohl grade gebraucht wurde. Dass sich neunundneunzig Prozent der Menschen absolut friedlich verhielten, wurde von den öffentlich-rechtlichen Sendern kaum gezeigt. Als ich die Berichterstattung in den Nachrichten sah, konnte ich das kaum fassen.

Dies alles zeigt uns, dass wir noch in einer Zeit leben, in der jegliche Aufklärung vom Establishment unterbunden werden soll. Aber wie wir ja wissen, kommt die Wahrheit ans Licht wie eine Pflanze, die zur Sonne strebt. Im Jahr 2023 wird die Welle der Enthüllung wohl neue Höhen erreichen, und darauf können wir uns freuen.

Die Lieblingsband meines Vaters ist seit den siebziger Jahren Pink Floyd. Obwohl er die englischen Liedtexte nicht versteht, fühlt er die Aussagekraft durch die Musik zu ihm durchdringen. Pink Floyd verbinden alte keltische, folkloristische Melodien mit moderner Instrumentierung und kreieren einen psychodelischen Effekt mit ihrer Musik. Dazu braucht es keine psychoaktiven Substanzen, wie ich finde. Wer ihren Texten lauscht, bemerkt die Tiefgründigkeit und Aufwachmedizin – ohne Nebenwirkungen, außer vielleicht, dass man sein inneres Auge öffnet für eine neue Wirklichkeit. Daddy schenkte meiner Mum einmal eine Reise nach Venedig mit einem Pink-Floyd-Live-Konzert auf dem Wasser. Sie schipperten mit einer privaten Gondel zur Bühne – ein gelungenes Geburtstagsgeschenk, wie ich finde! Bei so einem Event kann der *MyDays* einpacken! Nicht zu fassen, dass meine Eltern den Band Leader David Gilmore dann an der Hotellobby zuerst nicht erkannt haben, weil sie nicht wussten, wie er zu der Zeit aussah.

Der andere Kopf der Band, Roger Waters, der momentan aufgrund seiner Äußerungen zur israelischen Politik, zu Corona allgemein sowie zu Putin extrem angefeindet wird – etliche Konzerte wurden abgesagt – hatte im Juli 1990, ein halbes Jahr nach dem Fall der Mauer ein Konzert von THE WALL live in Berlin gespielt. Da waren so viele Menschen versammelt, dass der Sound erst eine Sekunde später als die Lippenbewegung auf der Großleinwand zu meinen Ohren drang. Naja, dabei sein war schließlich alles. Diese Musiker tragen definitiv zu mehr Bewusstsein bei den Menschen bei. Vor kurzem äußerte sich Roger Waters bei einer politischen Konferenz zum Ukraine-Krieg am Großbildschirm und machte deutlich, dass er seine Kinder nicht in die Welt gesetzt hat, um als Kanonenfutter zu dienen.

Man hört in der aktuellen Zeit immer wieder die Frage, warum es Krieg gibt, wenn doch neunundneunzig Prozent der Menschen Frieden wollen. Wollen wir denn wirklich Frieden? Lass uns diese Frage jeden Tag neu beantworten, indem wir selbst in Frieden leben und in unserem eigenen Umfeld Frieden schaffen. Dann entstand etwas später noch eine musikalische Bewegung, deren Mitwirkende auf den ersten Blick nicht sehr friedlich wirkten. Der Punk Rock, angeführt von Bands wie den Sex Pistols, The Exploited und den Dead Kennedys war musikalisch aus meiner Sicht zwar nicht anspruchsvoll, erfüllte aber den Zweck des *Dagegenseins*. Wogegen man war, spielte keine Rolle. Alle ordentlich Gekleideten gehörten zum Establishment und man wollte Anarchie, was so viel heißt wie *keine Führung*.

Führerlos zu sein, halte ich nicht grundsätzlich für eine schlechte Idee, allerdings nicht ohne innere Führung. Wenn ich mir das Hirn mit Alkohol wegknalle, vergesse ich doch auch, wohin ich eigentlich will im Leben. Das kann es ja wohl auch nicht sein, oder? Betrunken herumzupöbeln ist eines Menschen nicht würdig. Deshalb kam aus meiner Sicht ab den achtziger Jahren nicht viel Musikalisches mehr, was mich hinsichtlich der Aussagekraft wirklich begeistern konnte. Es kam größtenteils *Unterhaltungs*musik, und wir wissen, dass man dadurch die Menschen *unten halten* kann.

Wir sprechen hier natürlich nicht von der Musik, die zum Tanzen recht gut geeignet ist. Ein bisschen Spaß muss sein! Und damit meine ich sicherlich keinen Techno. Der kann lediglich dazu dienen, unseren Herzschlag komplett zu sabotieren. So kann man einfach kein Herz hören. Aber genau das braucht es jetzt: Menschen, welche die Mauer um ihr Herz abreißen, entweder Stein für Stein oder auf einmal!

Hast du schon einmal die Männer in langen Gewändern und Hüten gesehen, die sich um sich selbst drehen? Die tanzenden Derwische sind nicht etwa durchgedreht, sondern sie geben sich beim Drehen ganz dem Göttlichen hin. Da ich in meinem Leben möglichst alles selbst ausprobiere, habe ich mir in den Neunzigern auch einmal so einen Tellerrock schneidern lassen und bin wie ein Sufi jeden Tag eine Stunde zu einem drehenden Derwisch geworden. Es gibt kaum etwas, was einen tiefer ins eigene Herz katapultiert, als das Drehen. Durch das Drehen verliert man jeglichen Orientierungspunkt im Außen. Auch mental hat man keine andere Chance, als ganz in sein eigenes Zentrum zu fliegen. Allein schon wegen den Fliehkräften.

Die Sufi-Mystiker praktizieren in besonderer Weise die Hingabe. Wer die Gedichte von Rumi oder Kahlil Gibran kennt, der fühlt, dass in diesem uns vielleicht fremd anmutenden Kulturkreis wahre Perlen des Schöngeistes darauf warten, von uns entdeckt zu werden. Nachdem ich mich einmal mit vielen Menschen im Derwischtanz gedreht hatte, fiel ich einem Mann in die Arme, und wir verliebten uns auf der Stelle. Zwar kannte ich ihn vorher schon, aber nach dem Drehen sind sämtliche Verteidigungsmauern um unsere Herzen herum einfach eingestürzt.

Die Sprache des Herzens können wir am deutlichsten fühlen, indem wir still werden und lauschen. Obwohl auch Worte eine wirkungsvolle Magie erschaffen, weil die Gedankenresonanz starke Bilder in uns erzeugt, so ist doch die Stille eine noch kraftvollere Gnade, die uns in unerwarteten Momenten zuteil wird.

# 18. Die Kehrseite des Manifestierens

In der spirituellen Szene gibt es seit neuestem einen regelrechten Manifestations-Wahn. Die Leute tun so, als sei das Universum ein Quelle-Katalog, aus welchem sie ihre persönlichen Wellness-Angebote bestellen können. Natürlich funktionieren all diese Bestellungen beim Universum ja auch irgendwie. Man bekommt seinen Parkplatz vor der Tür oder die gewünschte Summe Geld auf sein Konto. Da ist nur ein Haken an der Sache, wenn man es aus einem größeren Blickwinkel betrachtet. Solange man das alles aus seinem abgetrennten Selbst heraus manifestiert, erfüllt es einen nicht dauerhaft und nachhaltig. Man setzt sich Ziele, und sobald man sein Ziel erreicht hat, merkt man, dass die innere Leere immer noch zu spüren ist und man schnell ein neues Ziel benötigt.

Wie können wir also aus dem Schöpferbewusstsein heraus manifestieren? Um diese Frage zu beantworten, sollten wir zunächst das Konzept von Manifestieren untersuchen. In dem Begriff Manifestieren steckt im ersten Wortteil die „Hand". Also beschreibt es den Prozess, etwas aus dem geistigen Raum, beispielsweise unsere Gedanken, in den physischen Raum zu holen, damit man es mit den Händen anfassen kann, um es greifbar zu machen, um eine körperliche, sinnliche Erfahrung zu erleben. Dieser Prozess liegt also grundsätzlich im gewünschten menschlichen Erfahrungsspektrum. Es liegt sozusagen in unserer Natur, zu manifestieren. Die Frage ist also, mit welchem Bewusstsein wir dies tun.

Manifestieren ist ursprünglich so gemeint, dass wir in Einklang mit Gott seine Schöpfung so auf die Erde bringen, dass sie Gutes vollbringt. Die entscheidende Frage, die wir uns demnach bei allem, was wir manifestieren wollen, stellen sollten, ist immer: Diene ich damit dem Höchsten bzw. dem Ganzen? Und wenn ich diese Frage nicht mit „Ja" beantworten kann, stelle ich mir die nächste Frage, die lautet: *„Schade ich damit eventuell so-gar irgendwem oder einer Sache?"*

Um die erläuterten Erkenntnisse auf die irdische Ebene zu übertragen, lässt sich Folgendes zusammenfassen: Selbst wenn ich alles Materielle für meinen persönlichen Luxus manifestiert habe, nützt es letztlich wenig, wenn ich am Ende allein und ab-getrennt vom Lebenssinn dastehe. Die erlöste Form der Mani-festation geschieht also immer in Einklang mit der Kraft, die dem göttlichen Plan dient. Das könnte ganz konkret so ausse-hen, dass ich einen Dienst anbiete oder eine Gemeinschaft gründe, die andere Menschen in die echte Freiheit führt, oder an die göttliche Quelle erinnert und anbindet.

Hier trennt sich nun die Spreu vom Weizen. Das bedeutet, wir dürfen auch hier genau hinsehen. Möchte man mit diesem Dienst oder der Gemeinschaft das abgetrennte Selbst verwirkli-chen, Anerkennung verdienen oder sich Bestätigung verschaf-fen? Dann handelt man nicht im Einklang mit dem universellen Geist. Ich beobachte in der Selbstverwirklichungs-Szene eine Vermarktung von persönlichem Erfolg, der das unerlöste Ego füttert, bis es kugelrund wird. Hier wird auf für mich abschre-ckend wirkende Weise die Selbstsucht bedient. Zum Glück füh-len sich bewusste Menschen davon abgestoßen.

Erinnern wir uns bitte daran, dass wir auf Mangel und Tren-nung konditioniert wurden, und somit der Wunsch nach „mehr für mich" immer aus diesen beiden Dämonen gespeist wird. Um es nochmals klarzustellen: Wenn wir eindeutig in selbstloser Absicht etwas Größerem dienen, wird sich die Fülle auf allen Ebenen manifestieren, weil sie dann ohne Selbstzweck wirken kann. Dann entstehen Manifestationen von Schönheit, Kunst, Liebe und Harmonie, welche natürlich auch funkeln und leuch-ten dürfen – und zwar für alle!

# 19. Der freie Wille

Es ist nun allerhöchste Zeit, sich konsequent der Essenz unserer Existenz zu widmen – sowohl jetzt in diesem Buch als auch auf der Zeitlinie, auf der wir uns mit dem Planeten Erde befinden. Wie lange wollen wir denn noch warten, bis wir unser menschliches Potenzial voll und ganz leben? Haben wir unser selbst inszeniertes Theaterstück nicht schon lange genug gespielt? Ich finde, wir haben uns nun wirklich genug um uns selbst herum im Kreis gedreht und uns in unsere persönlichen Probleme verwickelt. Uns in unserem Selbstmitleid gesuhlt. Es ist wie der Tag des Murmeltiers, der sich solange wiederholt, bis wir aufwachen.

*Ich habe nun wirklich genug von dem Gemurmel.*
*Es langweilt mich.*
*Ich weiß, es ist so schön kuschelig warm unter der Bettdecke.*
*Man möchte erst hervorkriechen, wenn alles vorbei ist.*
*Deine Zehen sind doch sicher kitzelig…*
*Verzeih mir, aber ich lass nicht locker: WACH AUF!*

Hast du dich auch schon einmal im Schlaf selbst zwingen müssen, aufzuwachen, weil du gemerkt hast, dass du einen unschönen Traum hast? Wenn du das noch nicht kannst, dann ist es jetzt Zeit, es zu lernen. Sonst komme ich an dein Bett und helfe dir dabei! Keine Sorge, soweit wird es nicht kommen. Aber ich werde nicht müde, so viele Menschen wie möglich aus ihrer Hypnose zu wecken. Wenn es den Job des Trance-Exorzisten noch nicht gäbe, müsste er für mich erfunden werden. Da bin ich nicht zimperlich. Ein Jan van Helsing fragt den Vampir ja auch nicht, ob er nicht doch lieber noch schnell ein netter Mensch werden könnte, bevor er ihn tötet.

Genug gespielt, lass uns wieder zum Ernst der Sache zurückkehren. Klar ist: Es ist unsere Entscheidung, auf welcher Seite wir stehen. Das bedeutet nicht, dass man die Seiten nicht auch wechseln kann. Aber nicht, wie es einem so grade beliebt. Nur so zum Spaß gilt nicht.

Das Experiment „freier Wille" ist uns Menschen ja gegeben worden, um zu erforschen, was passieren würde, wenn der Mensch vergisst, wer er ist und woher er kommt und nach seinem freien Willen lebt. Die Seele bildet den Kontrapunkt dazu, weil sie immer wieder versucht, uns an unseren vorher vereinbarten Weg zu erinnern oder uns wieder auf ihn zurückzuholen. Sie ist unser Kompass. Eine Ausformung des freien Willens ist das abgetrennte Selbst. Es versucht immer, das Beste für sich persönlich herauszuschlagen. Das abgetrennt Selbst fragt: „*Was habe ich davon?*" Es handelt immer aus dem Mangel heraus.

Hier integriert sich nun der universelle Geist mit hinein, dessen Kraft durch alles hindurchströmt. Wenn ich meinen freien Willen in Einklang mit dem universellen Willen anwende und nutze, schaffe ich eine positive Resonanz. Dann kehre ich um in die Einheit.

Wenn ich meinen freien Willen an das Göttliche zurückgebe, geschieht das größte Wunder. Denn eigentlich will das Göttliche das, was ich wirklich will. Mein abgetrennter Wille möchte immer Dinge, die ich eigentlich gar nicht möchte – Dinge, die mir sogar letztlich schaden. Lass mich das mit einem Beispiel aus meinem Leben erklären. Ich wollte in meinen Dreißigern unbedingt Mama werden. Die Betonung liegt auf „wollte", denn dieser Wunsch entstand nicht aus der Liebe zweier Menschen, die das beide fühlten. Im Idealfall begegnen sich zwei Menschen, deren höhere Bestimmung es ist, Eltern zu werden.

Tatsache war: Es gab einfach keinen Partner an meiner Seite, mit dem es so hätte sein können. Mein abgetrenntes Selbst wollte etwas, das nicht meiner Bestimmung entsprach, was mich wiederum sehr unglücklich machte. Erst später, als das mit dem Mamawerden rein körperlich nicht mehr ging, wurde mir bewusst, dass sich der universelle Geist am besten durch mich entfalten konnte, weil ich keine Kinder zu versorgen hatte in einem System, das ich nicht als kinderfreundlich erachtete. Das gilt zumindest für die Zeit damals. Gegenwärtig und zukünftig sieht das schon ganz anders aus. Ohne an dieser Stelle auf das Erziehungs- und Bildungssystem einzugehen, denn ich komme gleich im nächsten Kapitel noch auf das Thema zu sprechen, möchte ich damit sagen, dass ich mich kinderlos als vollkommen frei empfinden konnte.

Was heißt Freiheit in diesem Kontext? Sie bedeutet, das Göttliche in allem umzusetzen, wie es sich zeigt. Freiheit entfaltet sich auf dem Weg der Bestimmung. Meine Bestimmung bestand nun einmal darin, keine Mama zu sein, jedenfalls nicht im irdischen Sinne. Meine Mütterlichkeit konnte ich auf andere Weise voll ausleben. Die Erkenntnis hierbei lautet also: Wenn ein Mensch seiner Bestimmung folgt, offenbart sich darin die größte Freiheit, die er erleben kann. Also begib dich auf den Weg. Die längste Reise macht ein Mensch bekanntlich vom Kopf ins Herz. Schau nach innen und finde deine Bestimmung. Sobald dein Herz sich regt, kannst du sicher sein, dass es an der Stelle weitergeht.

Wir verstehen nun, dass unsere Bestimmung unsere Seelenaufgabe ist. Wenn wir uns von den gesellschaftlichen Konditionierungen, auch denen von Mama und Papa, befreit haben, kommen wir der Sache schon näher. Die Seelenaufgabe liegt nicht immer auf dem einfachsten Weg, der mit Rosenblättern bestreut ist. Falls du deine Seelenaufgabe noch nicht gefunden hast oder noch zögerst, sie vollkommen auszuführen, stelle dir die folgenden Fragen:

- *Was würde ich tun, wenn alle Hindernisse beseitigt wären?*
- *Wie will ich die Welt zu einem besseren Ort machen?*
- *Was tue ich am liebsten den ganzen Tag, ohne Energieverlust?*
- *An welchen Herausforderungen bin ich am meisten gewachsen?*
- *Wobei empfinde ich lang anhaltende Erfüllung?*
- *Wobei zeigt sich auch immer mal eine kleine Portion Ehrfurcht?*

Achte bei der Beantwortung dieser Fragen immer darauf, dass dein freier Wille dich nicht in die Selbstsabotage führt. Wenn in dir das „Ja-aber"-Mantra ertönt, weißt du, dass der Saboteur sich einmischt. Manchmal geht es da entlang, wo sich der Nebel noch nicht gelegt hat. Wenn du dort langgehst, vermag er sich zu lichten, und dir begegnet ein Wunderland.

## 20. Planet Erde als Lernerfahrung

Wie an früherer Stelle im Buch bereits erläutert, ist das Erziehungs- und Bildungssystem, auf dem Schule und Universität beruhen, im Prinzip eine installierte Matrix. Sie dient dazu, willenlose Rädchen in einem riesengroßen Getriebe zu züchten, von dessen Output sich die zahlenmäßig winzige Machtelite ernährt.

Wie der Begriff *Erziehung* schon sagt, wird an den Kindern *gezogen*, um sie in eine bestimmte Richtung zu *ziehen*, ungeachtet ihrem wirklichen Talent und ihrer bis dahin bestehenden Intuition. Das Schulsystem führt diesen Mechanismus fort, indem ein Wiederholen von vorgefassten Informationen belohnt und jegliches Hinterfragen oder Erforschen größtenteils unterbunden wird. Ausnahmen dieser Grundstruktur mag es geben, sind mir persönlich allerdings nicht begegnet. An Universitäten wird diese Struktur dann so verfeinert, dass die Absolventen bis dahin voll funktionstüchtige Maschinen im Kapitalismus-Betrieb sind. Über diese Mechanismen wurde – nicht nur von mir – bereits vielfach aufgeklärt, und sie gehören eindeutig der alten Welt an, sind also ein Auslaufmodell.

Ich bin ein Beispiel dafür, dass trotz Schule etwas aus jemandem werden kann. Nun ja, ich habe die Schulzeit ja schließlich nahezu unbeschadet überstanden. Mal ganz ehrlich, wir sind pure göttliche Essenz und haben alles in uns. Wir sollten lieber damit beginnen, das ganze angelernte Wissen von uns abzustreifen, um zu unserer wahren Essenz vorzudringen. Deshalb finde ich es grundsätzlich viel interessanter, sich über ein neues Feld auszutauschen, in welchem wir die Lernerfahrung auf Planet Erde maximal kreativ nutzen, um eine vielfältige Schöpferwelt zu gestalten.

Als Menschheit leben wir hier, um zusammen mit der Erdenseele in eine höhere Schwingung aufzusteigen. Das ist der größere Kontext. Im kleineren Rahmen trägt jeder von uns dazu bei, indem er nun so bewusst wie möglich wird, und sich von sämtlichen Illusionen befreit. Wir erschaffen die Neue Erde zunächst in unseren Gedanken. Wir erträumen uns diese fantastische Wirklichkeit. Kinder können noch träumen. Nur leider wird ihnen das im bestehenden Schulsystem noch abtrainiert. Deswegen wird es so ein System in der neuen Welt nicht mehr geben können.

In der Ko-Kreation lernen alle von allen. Man geht davon aus, dass alles Wissen im Universum schon *geschrieben* steht. Das bedeutet, dass jeder noch so junge Mensch Zugang dazu haben kann. Generell kann sich also jeder Mensch jegliches Wissen, je nach seiner Neigung und seinem Bewusstsein, aneignen. Also wird es in Zukunft immer mehr gemeinsames Lernen geben nach dem Prinzip des individuellen Interesses. Konkret treffen sich in dieser Vision Menschen verschiedenen Alters, draußen oder drinnen, zu zweit oder in größeren Gruppen, und zeigen sich bestimmte Dinge, tauschen sich über diese Themen aus und bringen sie vor allem auch in die praktische Umsetzung.

Die Schule der Zukunft ist eine Schule des Lebens, wo Freude und Begeisterung wie die Luft zum Atmen der wichtigste Antrieb sind. Hier wird nicht gelernt, wie man für andere funktioniert oder sich am besten anpassen kann, sondern wie man in einer Gemeinschaft lebt – genauso, wie man Gemüse anbaut oder ein Handwerk betreibt, und sicherlich auch, was es bedeutet, ein mitfühlender und liebevoller Mensch zu sein.

Tatsächlich ist das alles gar keine Zukunftsmusik mehr, sondern schon vielerorts Realität geworden.

In der Schetinin-Schule[(14)] nach Anastasia lernen alle von allen ohne Altersbegrenzungen. Sie dürfen sich frei bewegen und lernen interessiert und begeistert. Die Lehrer denken nicht, dass sie mehr wüssten, sondern sie gehen davon aus, dass die Kinder auch alles wissen, und dass sie sie lediglich an das erinnern, was sie bereits wissen. Die Schüler dort haben nach einem Jahr das gelernt, was andere in konventionellen Schulen in elf Jahren durchnehmen. Sie studieren schon im Kindesalter an der Uni und begleiten sogar andere Kinder auf der Schetinin-Schule als Mentoren. Ich vermeide das Wort „unterrichten" in diesem Kontext absichtlich aus genannten Gründen.

Während ich das Grundprinzip des miteinander Lernens wie in der Schetinin-Methode wertvoll finde, glaube ich andererseits nicht daran, dass es zukünftig noch Konzepte und Lehrpläne geben muss, die auf einen bestimmten Abschluss wie das Abitur vorbereiten.

Eher findet in meiner Vision das Lernen in einem Raum der Freude statt, in welchem jeder nach seinen Talenten und Interessen das lernt, was er zum Leben wirklich braucht. Das Konzept einer Prüfung führt bei den meisten Menschen zu unnötigem Stress. Warum muss denn solcher Druck aufgebaut werden? Wenn ein Mensch mit Begeisterung lernt, gibt es keine Veranlassung, sein Wissen zu prüfen oder zu testen. Diese Form von Druckmittel wird nicht mehr nötig sein. Es basiert auf dem Gedanken von Konkurrenz, Wettstreit und Gegeneinander. Diese Prinzipien gehören, wie wir gesehen haben, der alten Welt an.

Wenn ein Mensch seinen wahren Neigungen folgt, führt dies auf natürliche Weise zu einer Art Spezialisierung, bei der er in einem oder mehreren Bereichen sein Wissen vertiefen kann und somit der Gemeinschaft in seiner Einzigartigkeit dient.

Sollte ein Abitur bis dahin aus lebensfreundlichen Themen bestehen, statt aus lebensfernen oder totem Material, um nicht zu sagen aus Unwahrheiten, dann kann man meinetwegen ein Abi machen. Es soll ja Leute geben, die unbedingt ein Ziel erreichen müssen.

Unglaublich beeindruckend ist für mich der Pionier Ricardo Leppe, einer der treibenden Kräfte der Freilerner-Communities.[11] Dieser geniale Mann hat dank seiner progressiven Eltern von Kindheit an frei gelernt, statt die Schulbank zu drücken, und konnte somit seinen Geist wirklich frei entfalten. Seine Vision ist getragen von der Dezentralisierung von Bildungsmacht und einer freien Bildungsentscheidung. Diese Faktoren befähigen uns, jegliches Wissen, das wir von außen erfahren, kritisch zu überprüfen. Außerdem erlauben sie uns, gemäß unseren Neigungen selbst zu entscheiden, wie und was wir lernen möchten. Das Lernen an sich sollte nebst eigenem Lustprinzip auch einem höheren Zweck dienen, also zur Verschönerung, Harmonie oder lebensfördernden Entwicklung auf Erden beitragen. Die individuelle Bereicherung oder Profilierung, die sowieso nur dem egoistischen Selbstzweck dient, tritt dabei in den Hintergrund. Der innere Antrieb speist sich aus einem Strom der Liebe und Verbundenheit mit allem, was ist. Diese „Kreatürlichkeit" liegt uns ja im Ursprung inne.

Passend hierzu möchte ich ein Beispiel aus meiner Kindheit anbringen. Eigentlich kann ich mich kaum an Ereignisse aus meinen ersten Jahren der Schulzeit erinnern, außer an ein paar unangenehme Handgreiflichkeiten von Mitschülern und an Spiele auf dem Schulhof, also keine Szene, wo es um das Lernen im Klassenzimmer ging. Wohlgemerkt gibt es eine einzige Begebenheit, an die ich mich gut erinnern kann, vor allem an das

Gefühl, das ich empfand. In der Grundschulzeit hatte ich den besten Lehrer, den man sich vorstellen kann. Er hieß Bodo Waschke und war unser Klassenlehrer. Er spielte Gitarre und sang, auch in einem Shanty-Chor. Jedenfalls kniete er sich einmal in der Klasse vor mich hin und fragte mich, ob ich ein Lied singen mag. Welches Lied das sei, könne ich mir aussuchen und er würde mich begleiten.

Es bleibt noch zu erwähnen, dass ich ein total introvertiertes Mädchen war, das größtenteils mit offenem Mund träumend aus dem Fenster sah und dem Unterricht nicht folgte. Man hatte mich deswegen sogar zum Schulpsychologen geschickt, der meiner Mama allerdings meine psychische Gesundheit attestierte.

Nun ja, als Herr Waschke mich um ein Lied bat, tat er das nicht einfach so, sondern schaute mich dabei auch noch liebevoll an. Seine Geste ließ keinen Widerstand in mir aufkommen, sodass etwas Unvergessliches in mir geschah. Ich vergaß meine Unsicherheit und sang „Schneeflöckchen Weißröckchen" so als würde nur er mir zuhören. Ich nahm die Mitschüler außen herum nicht mehr wahr und wir beide musizierten zusammen auf wundersame Weise.

Dieser Lehrer hat mir in die Seele geblickt und hat von der Magie der bedingungslosen Liebe gewusst. Nur so konnte ich etwas wirklich Lebenswichtiges lernen, und zwar, dass ich alles kann, was ich wirklich will, wenn ich es mir zutraue. Dabei diente mir sein Vertrauen in mich als Sprungbrett, von dem aus ich in unbekanntes Gewässer sprang. Natürlich prägte mich dieses Erlebnis auch in puncto „Musikkarriere". Weißt du noch, dass Musik für mich eine wesentliche Rolle spielt?

Erinnere dich an das, was ich über Klang erzählte. Die Folge war, dass ich als Sängerin in seinen Shanty-Chor eintrat, anfing Klavierunterricht zu nehmen, später eine Ausbildung in klassischem Gesang absolvierte und noch später alle möglichen Instrumente spielen lernte.

Was diese Geschichte aber eigentlich klar macht, ist die Bedeutung eines wahren Lehrers. Ein wahrer Lehrer berührt den Schüler, er traut ihm etwas zu, das der Schüler sich vielleicht selbst bis dahin noch nicht zutraut. Ein wahrer Lehrer ist ein Erinnerer, ein Liebender, ein Lichtbringer – ähnlich wie die Lehrer der Schetinin-Schule von sich sagen, sie würden die Schüler an etwas erinnern, was jene bereits wüssten. Außerdem wird durch meine kleine Anekdote klar, dass wir durch Gefühle am meisten lernen. Ich vergesse niemals, was ich damals in der Situation empfand. Ich fühlte mich stark, aufgehoben, getragen und zugleich beflügelt.

Charlie Chaplin hat einmal gesagt, dass der Mensch zu viel denkt und zu wenig fühlt. Nun ist die Zeit reif, dass wir wieder mehr fühlen. Dazu gehört auch, dass wir die Kinder ermutigen, zu fühlen, statt ihnen so etwas Dummes zu sagen wie: *„Ein Indianer kennt keinen Schmerz."* Über Gefühle zu sprechen, ist genauso ein wichtiger Bestandteil der Schule von morgen, wie zu lernen, ein Haus zu bauen.

An dieser Stelle möchte ich den zahllosen Lehrern gedenken, die als Produkt einer gefühlsarmen Gesellschaft ihren Beruf nicht so ausüben können, wie es ihren Schülern guttun würde. Ich kann behaupten, dass ich während meiner gesamten Schulzeit mit Ausnahme des genannten Beispiels hauptsächlich emotional gestörte Lehrer kennengelernt habe. Das gleiche Muster führte sich dann auf Fachakademien und Universitäten fort.

Noch voran geschickt, entwickelte sich das introvertierte Mädchen ab der zweiten Runde der siebten Klasse – ich musste sie aufgrund dieser gestörten Lehrer wiederholen – zu einem selbstbewussten Ronja-Räubertochter-Wesen. Der Widerstand, der mir begegnete und den ich selbst auch empfand, führte dazu, dass ich stärker wurde. Diese Stärke und die Tatsache, dass ich wegen des „Sitzenbleibens" ein Jahr älter war, führten dazu, dass ich als Klassensprecherin gewählt wurde. Damit ich nicht vom Gymnasium „fliegen" würde, sagte mein Klassenlehrer noch vor dem Wiederholungsjahr, dass ich eine soziale Bereicherung für die Klasse sei und deshalb auf dem Gymnasium bleiben dürfe. Warum sollen Lehrer nicht auch einmal eine sinnvolle Eingebung haben? Aber nicht einmal dieser Umstand erlaubte mir, mich und meine Mitschüler in bestimmten Situationen vor Traumatisierungen zu beschützen.

Wir erlebten Situationen, die kann man sich eigentlich nur in einem Irrenhaus vorstellen. Ich erinnere mich zum Beispiel an folgende Begebenheit: Einmal kam unser ansonsten niedlicher Lateinlehrer in den Klassenraum und brüllte sämtliche Schüler einzeln an. Ohne ersichtlichen Grund faltete er jeden nacheinander zusammen und trug ihm eine schlechte Note ins Klassenbuch ein, auch den ansonsten guten Schülern. Alle waren fassungslos, und auch ich als Klassensprecherin stand unter Schock und traute mich nicht, ihn beim Direktorat anzuzeigen, weil ich persönliche Repressalien fürchtete. Ich hatte Sorge, nochmals nicht versetzt zu werden, oder direkt vom Gymnasium zu fliegen.

Später dann auf der Fachakademie der Würzburger Dolmetscherschule hatte ich es auch wieder mit armseligen Übeltätern zu tun. Einem davon gefiel es nicht, dass ich nicht auf seine Anmache bei einer abendlichen Klassenfeier einging, was er dadurch kundtat, dass er mich bei der nächsten Klassenarbeit nach vorn in die erste Reihe zitierte, als ob ich eine Betrügerin sei, die bei anderen abschreiben würde. Er war es schließlich auch, der mich durch die staatliche Prüfung fallen ließ. Sadisten sind prinzipiell ganz arme Schweine...

Diese und ähnliche Situationen von Machtmissbrauch begegneten mir nicht nur in meiner Schul- und Studienzeit, sondern auch im Berufsalltag. Sie trugen dazu bei, dass mein Sinn für Gerechtigkeit und falsche Autoritäten überaus scharf wurde. Übrigens klagte ich zweimal vor Gericht, weil mir Honorare aus freiberuflicher Tätigkeit nicht gezahlt worden waren. Dreimal darfst du raten, wer jeweils gewonnen hat ... ich war es jedenfalls nicht. Es gewinnt derjenige, der sich den besseren Anwalt leisten kann. Naiv wie ich war, hatte ich gar keinen Anwalt engagiert, weil mir der Fall absolut eindeutig erschien. *Recht haben* und *Recht bekommen* sind zwei verschiedene paar Schuhe.

Wenn wir davon ausgehen, dass all diese Lernerfahrungen uns immer ein Stück näher zum ursprünglich gewählten Lebensziel bringen, kommt Gelassenheit ins Spiel. Ich glaube, im gegenwärtigen Übergang werden wir uns den traumatisierten Menschen auf die eine oder andere Weise widmen müssen, und damit meine ich nicht nur die erwähnten Lehrer oder Richter. Im Opfer-Täter-Retter-Kreislauf sind doch eigentlich alle traumatisiert.

Mein Wunsch nach Aufklärung gründet sich auf dem Verständnis dieser alten Strukturen und der Achtung vor dem Leben selbst. Heilung im Einzelnen und im Kollektiv kann durch Vergebung geschehen. Wenn ich verstehe, dass wir alle in irgendeiner Form Teil der Struktur sind oder waren, kann ich mitfühlend auf den anderen schauen, der jetzt vielleicht meine Hilfe oder Zuwendung benötigt.

Abb. 9: Planet Erde – die dritte Dimension ist für viele von uns, die aus feinstofflicheren Welten kommen, erst einmal schwer. Wir sind nicht von hier – aber wir werden hier nun gebraucht!

Nochmals zur Erinnerung: Wir haben uns Planet Erde als Lernerfahrung ausgesucht, weil wir genau hier hin wollten. Also nicht, weil wir zufällig nichts Besseres vorhatten. Sollte es so sein, dass wir in vorangegangenen Leben zu viel Murks gemacht oder unsere Lernaufgaben nicht ernst genommen haben, so müssen wir nun nachsitzen wie in der Schule. Wenn wir gut vorangekommen sind, lernen wir in jedem Leben immer mehr und gelangen somit auch immer mehr zur universellen Quelle. Demzufolge setzen wir in diesem Leben genau an der Stelle wieder an, wo wir das letzte Mal aufgehört haben. Beispielsweise kann es sein, dass du im letzten Leben Kontakt zu Vril-Menschen hattest oder bereits zur Innererde gereist bist. Dann kannst du sicher sein, dass diese Begegnungen nun auch wieder in dein Leben kommen und du daran anknüpfen kannst, um noch weitreichendere Erfahrungen zu machen.

Übrigens habe ich die eben genannten Erfahrungen selbst noch nicht gemacht, würde mich aber sehr freuen, in diese Welt mitgenommen zu werden. Also melde dich gern bei mir, wenn du mich mitnehmen kannst.

Deine Evolution hört niemals auf, wenn nicht auf Planet Erde, dann anderswo. Es geht darum, dass wir uns dessen bewusst werden. Dann erst wird es richtig spannend!

# 21. Durch die Zwiebelschalen zum Kern

In den vorangegangenen Kapiteln haben wir nun erfahren, was dazu führen kann, Gott im Wege zu stehen, sowohl geistig als auch konkret. Wir haben gesehen, wie sich all unser geistiger Ballast in dem Wirklichkeitsraum breitmachen kann. Es lohnt sich also, darin ab und zu einmal richtig aufzuräumen und sauber zu machen. Äußere Ordnung schafft innere Ordnung.

Was noch viel wichtiger ist: Wir bekommen langsam einen Geschmack davon, wie wir uns selbst als Götterfunken erleben können. Da dies ein Mutmach-Buch ist, möchte ich diesen Weg so greifbar und lebensnah wie möglich zeichnen. Dazu dienen immer wieder, wie du sicherlich bemerkt hast, ein paar Beispiele aus dem persönlichen Leben. Wenn ich zum Beispiel an meine Kindheit denke, so entsteht vor meinem geistigen Auge eine Phantasiewelt wie eine große Seifenblase, in der dieses einsame Mädchen lebte. Da ich mich mit niemandem austauschen konnte, weil mir alle Menschen um mich herum sehr grob vorkamen, erschuf ich mir meinen Rückzugsort. Im physischen Reich war das mein eigenes Kinderzimmer und im geistigen Reich meine Innenwelt zum Träumen. Beide Welten waren natürlich ineinander verwoben.

Tatsächlich konnte ich mich gut alleine beschäftigen, denn in den Siebzigern gab es das Programm der Rund-um-die-Uhr-Kinderbespaßung noch nicht. Hochsensible Kinder sind in der noch nicht entwickelten Gesellschaft ein leichtes Opfer für gewaltsame Übergriffe, und auch ich wurde des Öfteren von anderen Kindern geärgert und geschlagen.

Als Jugendliche entwickelte ich dann eine kreative Strategie des schnellen Erwachsenwerdens. Kennst du das Mädchen, das sich in den Regen stellt, damit es schneller wächst? Spaß beiseite

... das war nicht meine Strategie. Ich brauchte etwas, das zum Überleben taugte. Meine Seele hatte sich das natürlich vorher schon alles genauso ausgedacht.

Damals wollte ich eigentlich meiner empfundenen Not entkommen. Einerseits, um einfach „dazuzugehören", und andererseits auch, um mich besser wehren zu können gegen Übergriffe. Sicherlich auch, um so schnell wie möglich mein eigenes Leben in Freiheit zu führen – wie der Fisch, von dem ich sprach, der immer nur die Wirklichkeit kennt, in die er in jedem Moment neu hineinspringt. Die Strategie bestand darin, aus meinem bis dato knabenhaften Körper die weiblichen Rundungen zu formen, die es brauchte, um mit fünfzehn in die Diskos hineinzukommen, für die mir der Eintritt normalerweise nicht gewährt worden wäre. Ich hatte meinen Körper also vorsorglich in eine Familie inkarniert, in der die Frauen diese Rundungen ausformten. Make-up und Kleidung taten hierbei gewiss ihr Übriges.

Das alles tat ich, um der Einsamkeit zu entkommen. Es half natürlich nichts, sondern verschlimmerte sich sogar in meinen Zwanzigern und Dreißigern noch weiter. Ich fühlte mich immer allein und nicht zugehörig, nicht einmal der spirituellen Gemeinschaft der Osho-Sanyassins, in die ich mit Einundzwanzig intensiv eingetaucht war. Ich hoffte zwar anfangs, eine Familie bei den spirituellen Menschen zu finden, wurde aber schnell eines Besseren belehrt, weil es da drinnen die gleichen Baustellen gibt wie in der Welt draußen. Ich würde sogar sagen, es gibt noch mehr Egomanie als bei den Normopathen, welche die Oberfläche nie verlassen.

Irgendwann in meinen Vierzigern wartete dann eine entscheidende Stufe der Erkenntnis auf mich. Sie veranlasste mich dazu, mein Bedürfnis nach Zugehörigkeit nicht im Außen erfüllt zu finden, sondern in meinem Inneren.

Der Schlüssel in meine Freiheit war die Tür zu meiner Einzigartigkeit. **Ich ließ den Wunsch los, mich anpassen zu müssen, damit andere mich lieben würden.** Von da an war ich einfach ich selbst und suchte die wichtigen Antworten nicht mehr im Außen. Ich fand sie in mir, in der göttlichen Anbindung. Und dafür braucht man nicht unbedingt jeden Tag zwei Stunden zu meditieren, wie es manche behaupten.

Es fühlt sich einfach wundervoll an, wenn man vollkommen frei leben kann. Gewiss gibt es noch weitere Stufen der Entwicklung, aber diese lässt mich wirklich aufatmen. Mein Leben war bis dahin ein Kampf. Faszinierend ist, dass ich dadurch für manche eine Provokation auf zwei Beinen bin. Einfach, weil ich das vorlebe, was sie sich insgeheim für sich auch wünschen. Also muss ich mich weiterhin mit Angriffen von anderen zurechtfinden, aber das geht viel leichter als früher.

Diese Angriffe reihen sich ein in eine Folge von Prüfungen, derer ich mich offensichtlich weiterhin unterziehen muss. Vielleicht beobachtest du das bei dir selbst ja auch. Ich gebe dir ein Beispiel: Seit 2020 sind sämtliche Freunde und Berufspartner, teilweise langjährige Bekanntschaften, aus meinem Leben verschwunden. Dazu muss ich sagen, dass ich mir bis dahin eine Identität als relativ extrovertierte Netzwerkerin aufgebaut hatte und meine Partys bei vielen als „legendär" galten. Nebenbei bemerkt, habe ich auf unserer Hochzeit das Catering für siebzig Gäste größtenteils selbst zubereitet – von der Deko, dem Programm und dem Einstudieren von Songs, die ich auf der Bühne sang, mal abgesehen. Das gehörte zu meiner Identität als Power-Frau.

Hier kommt die Erkenntnis, die ich mit dir teilen möchte: Die Prüfung bestand aus dem Abstreifen meiner eben beschriebenen Identität. Das geschah, indem ich merkte, dass all die Menschen um mich herum gerne nahmen, was ich zu geben hatte. Und das war viel! Sie konsumierten alles, was es zu holen gab. Und ich mit meinem ausgeprägten Helfersyndrom roch Probleme, die es zu lösen gab, gegen den Wind. Dass man die Probleme anderer nicht lösen kann, lernte ich somit auch noch nebenbei. Die Lernaufgabe bestand also darin, zu erkennen, dass diejenigen, die von meiner Identität als Geberin profitierten, aus meinem Leben verschwanden, sobald ich diese Identität losließ. Sie waren nicht an dem Menschen interessiert, der sich hinter dieser Identität verbarg. Es wäre nicht schwer gewesen, den Menschen, der sich wie alle Menschen nach Liebe sehnt, zu erkennen. Nach dem Prinzip der Resonanz kann man ihnen jedoch keinen Vorwurf daraus machen, denn sie haben sich von etwas angezogen gefühlt, was ihrem Bedürfnis entsprach, und die Rechnung ist ja auch aufgegangen.

In der ersten Zeit war ich darüber traurig, weil ich mich durch den Prozess des Loslassens von Menschen natürlich an meine alte Wunde der Einsamkeit erinnert hatte. Doch irgendwann war ich auch froh, mich von einer weiteren Illusion befreit haben zu können. Die Illusion bestand darin, dass man dadurch, dass man sich aufopfert und alles gibt, Liebe und Zuwendung bekommen würde.

Die Mikrobenkrise hat mich, genauso wie viele andere, in die Lage versetzt, nach innen zu schauen, und mich neu auszurichten. Dadurch konnten wir alle uns vieler Zusammenhänge bewusst werden. Natürlich konnte ich dadurch auch erkennen, dass die Menschen in meinem Leben, die sich nur um sich selbst und ihre persönlichen Probleme kreisen, nicht mehr zu mir passten. Mich hat das persönliche Drama der Menschen um mich herum sogar zunehmend abgestoßen, weil ich wahrnehmen konnte, wie sie dadurch den kollektiven Aufstieg der Menschenfamilie geradezu hemmten. Ich verspürte einen kristallklaren Ruf, dem Aufstieg der Menschheit mit allen Kräften zu dienen. Das ist nicht zu vergleichen mit dem Helfersyndrom von damals, denn es dient keinem persönlichen Zweck. Es ist ein Ruf, der durch alles hindurch ertönt. Ein Ruf aus der göttlichen Quelle. Ein Ruf der Erdenseele. Jetzt, da so viele diesem Ruf folgen, orchestriert die Quelle eine paradiesische Symphonie.

Je mehr von uns erkennen, dass sie beim „Live-Schauspiel-Quantensprung-Planet-Erde" als nun inkarnierte Wesen sozusagen den Hauptgewinn in der ersten Reihe gezogen haben, desto reibungsarmer erschaffen wir uns unsere würdevolle Wirklichkeit. Wenn wir wüssten, wie viele wir sind und wie einfach es durch die digitale Kommunikation zudem geworden ist, würden wir keine Sekunde zögern.

Im kosmischen Feld ist unsere Zukunft schon geschrieben. Ab wann wir vollständig in der hohen Schwingung leben, ist nun allein unsere Entscheidung, und kann deshalb auch von keinem hellsichtigen Menschen vorausgesagt werden.

Glaube mir, auch du bestimmst den Zeitpunkt mit. Arbeite an dir, wach auf, bleib wach! Befreie dich von dem Ballast der alten Welt. Und wenn du hinsichtlich der inneren Arbeit Unterstützung brauchst, so lass dir helfen. In meiner Vision braucht niemand jemals verzweifelt zu sein. Ich bin absolut sicher, dass es immer Hilfe gibt, wenn man danach fragt. Du kannst dich jetzt sofort entscheiden, einen Umschwung herbeizuführen. Auch wenn er noch so klein ist. Jeder kann das Zünglein an der Waage sein. Der ganz große Shift kann jeden Moment kommen.

Sobald wir uns unserer Zwiebelschalen entledigt haben, und natürlich tut das manchmal ganz schön weh, dringen wir zum Wesenskern hervor. Er ist physisch betrachtet vielleicht ein Nichts, jenseits von Zeit und Raum ist er aber *alles*.

Im All-Eins-Sein gibt es nur Liebe.

## 22. Spirituelle Wesen, die eine menschliche Erfahrung machen

In letzter Zeit kam man vielerorts zu der Erkenntnis, dass wir eben nicht als Menschen eine spirituelle Erfahrung machen, sondern genau umgekehrt. Dieses Erkennen geschah in einer gigantischen Welle des Aufwachens. Wir wissen nun, woher wir kommen, unser Ursprung ist Geist. Unser Geist hat sich also vorgenommen, Erfahrungen als Mensch zu machen.

Der größte Beitrag, den wir als Mensch spirituell leisten können, besteht also darin, wirklich ganz Mensch zu sein. Dazu gehört nun einmal das anfängliche Vergessen, wer wir sind, das Fehlermachen und auch all die scheinbar sinnlosen Zustände und Situationen, in die wir uns hineinmanövrieren. Das Sinnvollste, das wir hier auf Erden also tun können, ist alle möglichen menschlichen Erfahrungen zu machen, nur um irgendwann mit breitem Grinsen festzustellen, dass dieses irdische Spiel ein von uns selbst inszeniertes Theaterstück ist. Wie wir dieses Spiel spielen, ist uns selbst überlassen. Da sind unserer Kreativität keine Grenzen gesetzt, bis auf diejenigen, die wir uns selbst setzen.

Im Buch »Ein Kurs im Wundern« heißt es: *„Du kannst recht haben oder glücklich sein!"* Da steckt für mich große Weisheit drin. Wir können uns an den Gitterstäben unseres bestehenden Gedankengefängnisses festhalten und so lange mit den Zähnen knirschen, bis sie uns herausfallen, oder wir können gleichmütig einsehen, dass es keinen vernünftigen Grund gibt, an irgendetwas anzuhaften. Dann sind wir wirklich frei, und das macht natürlich glücklich.

Der Wunsch nach Freiheit war für mich von Anfang an eingebrannt in meine seelische Signatur. Schon als Kind fühlte ich mich abgestoßen von einengenden Strukturen und falschen Autoritäten. Ich hatte dementsprechend einen ausgeprägten Instinkt für Gerechtigkeit und Wahrheit. Mein Vater sagte einmal zu mir im Teenageralter, dass ich wohl später einmal Terroristin werden würde. Etwas abgemildert formuliert wurde aus mir dann ja auch eine spirituelle Revolutionärin. Er hatte wohl einen guten Instinkt.

Ich habe meine Zwanziger in den 1990er-Jahren teilweise, wie schon erwähnt, in einem indischen Ashram verbracht. Dort lernte ich in erster Linie die Meditation. Sie war damals meine Rettung, weil sie mir einen Zufluchtsort in meinem Innern bot. Das war eine sehr wertvolle, geradezu lebensnotwendige Erfahrung. Allerdings folgten danach noch weitere wichtige Lektionen.

Der eigentliche Sinn von Meditationspraxis, die in Wirklichkeit eine Vorübung für das echte Leben ist, besteht nämlich darin, jede Handlung im Leben meditativ zu tun. Größtmögliche Achtsamkeit ist die echte Königsdisziplin. Alles darf in einem Seinszustand von Gleichmut, Selbstlosigkeit, Güte und Akzeptanz geschehen. Dann macht es keinen Unterschied, ob du kochst, die Straße kehrst oder vor tausend Menschen sprichst. Sei einfach reines Gewahrsein bei *allem*, was du tust.

Meditation zu lernen, ist anfangs sicherlich sehr hilfreich. Für fortgeschrittene Meditierende sollte sie allerdings nicht als Flucht vor der Welt benutzt werden. Zumindest nicht, wenn man kein Mönch ist, der sein Leben der Meditation gewidmet hat. Das ist etwas anderes. Ein Mönch hilft dadurch nämlich auch beim Aufstieg der Menschheit mit, weil das seinem Seelenplan entspricht. Wir sind alle Kreatuere in dieser Schöpferwelt namens Erde. Seitdem mir regelmäßig Wunder begegnen und geschehen, glaube ich das nicht nur, sondern ich weiß es. Ich möchte dich dazu einladen, Wunder für möglich zu halten, damit sie dir ebenso geschehen können.

Dazu fällt mir eine schöne Geschichte ein, die ich in Amsterdam mit einer Freundin erlebte. Wir hatten uns ein Apartment in einem Hausboot gemietet, was in Amsterdam recht üblich ist. Als wir spät abends wieder zu unserem Hausboot kamen, fiel meiner Freundin der Schlüssel zur Eingangstür aus ihrer Tasche und blieb zwischen zwei Holzbrettern auf dem Steg klemmen. Ich dachte, sie würde ihn vorsichtig von dort aufheben, aber stattdessen stupste sie ihn an, sodass er durch die Bretter hindurch ins Wasser fiel. Auch mein Herz fiel, nämlich in die Hose, denn der Vermieter war nicht zuhause und wir wussten nicht, wie wir hineinkommen sollten.

Um eine lange Geschichte kurz zu machen: Wir organisierten von einem Nachbarn eine Leiter und stiegen in das Schlafzimmer des Hausbootes ein. Am nächsten Tag hatte schon der mittlerweile alarmierte Vermieter seine gesamte Wohnung nach dem Ersatzschlüssel durchsucht. Tatsächlich lagen geschätzte achtundachtzig Schlüssel auf seinem Tisch. Wir scherzten noch mit ihm, und ich bekam sogar noch einen Anruf, den ich abwimmeln musste, sodass einige Minuten vergingen, bis ich mich in einem stillen Moment so langsam für ein Wunder öffnete…

Dann hatte ich plötzlich eine Eingebung. Ich fragte den Vermieter, ob ich von seiner Wohnung aus unter den Steg schauen könnte. Das tat ich dann auch und staunte nicht schlecht, als mir der Schlüssel genau in dem Moment vor die Augen schwamm, und ich nur meine Hand nach ihm auszustrecken brauchte.

Er war wohlgemerkt vorsorglich mit einem Schwimmer versehen worden, sodass er nicht untergehen konnte. Dass er aber in genau diesem Moment vor mir auftauchte, wo er doch während der Nacht schon kilometerweit hätte weggespült worden sein können, führte dazu, dass die beiden anderen ihren Mund nicht mehr zubekamen.

Für mich war zu dem Zeitpunkt Synchronizität, Mystik und Magie schon mein täglich Brot, aber andere machte es oft fassungslos. Erlebnisse wie diese wurden sogar manchmal von Beteiligten verdrängt oder vergessen, weil das einfach nicht in ihr Weltbild passte. Dass Menschen so schnell vergessen, hat mich schon manches Mal erstaunt. Ich war Zeugin von Erlebnissen mystischer Art, kraftvoll und *nicht von dieser Welt*, über die sie in einem Moment mit vollem Bewusstsein sprachen und die sie kurz darauf wieder vergessen hatten. Es gibt nach meinen Beobachtungen gewisse hypnotische Kräfte, die den Menschen davon abhalten wollen, sich an ihre Göttlichkeit zu erinnern. Das dürfen wir nicht unterschätzen. Es genügt aber, sich dieser Kräfte bewusst zu werden, wenn man sie wahrnimmt. Ich empfehle eindeutig, nicht gegen sie zu kämpfen, denn Widerstand oder Angst erzeugen genau die Energie, von der sie sich ernähren.

Ich weiß nicht, wie das bei dir ist, aber ich habe eine Zeit lang an den Opfer-Täter-Retter-Kreislauf geglaubt. Ganz besonders fixiert war ich am Anfang der Mikrobenkrise auf den Retterpart. Ich glaube, es war der Fassungslosigkeit und dem Unverständnis darüber geschuldet, dass so viele Menschen dem Obrigkeitsopportunismus verfallen waren. Ich suchte nach einem Retter, der mich aus dem Wahnsinn um mich herum erlösen würde. Eine Zeitlang hielt ich es auch für möglich, dass die Erwachten von Raumschiffen der Galaktischen Föderation des Lichts abgeholt werden würden. Achtung, ich sehe dein Grinsen, wenn du das liest. ☺

164

Ernüchtert akzeptierte ich irgendwann die riesige Chance, dass wir es sind, die uns selbst aus dem Schlamassel rausholen müssen. Die Menschheit steht an einem Punkt, an dem die Spirale der Dualität ihr Ende erreicht. Dahinter ist das Unbekannte. Niemand vermag zu wissen, was genau danach geschieht, nicht einmal die Erleuchteten unter den Menschen. Viele sind nun mutig genug, ihrem Herzen zu folgen. Das wirklich Neue können wir uns nicht erdenken, weil wir noch nicht einmal Gedanken dafür haben. Was wir aber können, ist ein Sehnen danach zu erspüren. Es werden nicht alle diesen Weg gehen können. Sie haben es sich so ausgesucht.

Parallel zu der Dualitätsspirale gibt es eine Spirale aus Licht, welche direkt in die Einheit führt. Viele von uns haben sich lange auf den Wechsel auf diese Ebene vorbereitet. Zur rechten Zeit wird in einem Wimpernschlag der Sprung in diese Scinsebene vollzogen werden. Dort angekommen wird man eine heile Welt vorfinden, wahrscheinlich etwas feinstofflicher. Diejenigen, die den Sprung hierhin nicht gewagt und sich anders entschieden hatten, werden nichts von all dem merken und die gleiche Welt wie vorher wahrnehmen, bloß mit dem Unterschied, dass manche von uns dann verschwunden sein werden, genauso wie die Erinnerung an uns.

Von der Seelenebene aus betrachtet braucht uns nichts davon Sorge zu bereiten, da wir das als Sternensaat vor dem Erdenleben alles so entschieden haben, und es wie gesagt auf Seelenebene kein gut oder schlecht gibt, da solche Begriffe dem Dualitätsprinzip entsprechen.

Veränderung kann sich subtil zeigen. Will heißen, dass ich dich nicht dazu ermutige, deinen Job zu kündigen oder dein Geld auszugeben, weil es womöglich bald nichts mehr wert ist.

Veränderung beginnt in dir drinnen. Mit Erkenntnis und Mut. Es ist die Erkenntnis, dass wir viele sind, und dass der Aufstieg definitiv bevorsteht. Daraus entsteht der nötige Mut zur Veränderung – und zwar in genau den Schritten, die für jeden Einzelnen gangbar sind. Also achte auf die Zeichen und Wegweiser, die dir begegnen. Bleib wach. Kalibriere dein Körper-Geist-Seele-System. Beobachte, was passiert, wenn dir etwas Wichtiges begegnet. Klopft dein Herz? Wird dir warm? Kribbeln deine Hände? Oder läuft dir ein Schauer über den Rücken? **In dir ist ein Lügen-Frühwarnsystem und Wahrheits-Spürsystem namens Intuition eingebaut.** Trainiere es unbedingt wieder, falls du den Kontakt verloren hast.

**Abb. 10:** Engelsflügel können dich beschützen. Deine eigenen Flügel können dich in die absolute Freiheit tragen.

Erlaube mir, dir ein paar weitere Impulse zu geben. Nicht als Dogma, sondern einfach zum Ausprobieren und Erkunden.

- Verbinde dich wieder mehr mit dem Nachtbewusstsein, der weiblich-lunaren Kraft.

- Konsumiere weniger Medien (TV, PC, Handy etc.) – besonders abends – und schlafe bewusst ein. Achte auf deine Träume, spüre ihnen nach und schreibe sie vielleicht sogar auf. Schaffe Raum für deine Vision einer würdevollen Welt.

- Öffne dich für Botschaften deines Höheren Selbstes, deiner Seele und deiner geistigen Begleiter. Höre deine innere Stimme und notiere dir innere Eingebungen. Du kannst sogar konkrete Fragen stellen und von der geistigen Welt und deinem Höheren Selbst Antworten erhalten. Vielleicht nicht sofort und schriftlich, vielleicht aber in erstaunlich neuer Form. Bleibe offen und lass dich überraschen. Lass dich dazu ermutigen, selbst ein Kanal für die höheren Ebenen in dir und um dich herum zu werden. Wir alle können channeln.

- Esse und schlafe, wann immer es dir beliebt. Löse dich von den alten Konzepten über bestimmte Tag- und Nachtrhythmen diesbezüglich.

- Tauche wann immer möglich in die Nicht-Zeit ein. Nimm deine Uhr oder andere Messgeräte so oft es geht ab, am bestens sogar ganz. Gib dich der Muße hin, ohne dabei gestört zu werden. Träume, meditiere oder ruhe einfach aus. Lass dich treiben. Bewundere eine schöne Blume am Wegesrand, wenn dir danach ist. Lausche dem Gesang einer Amsel oder dem Ruf eines Bussards.

- Tu jeden Tag etwas, was du noch nie getan hast. Durchbreche deine Verhaltensmuster, so oft du kannst. Wenn du dich bei einer lieblosen Reaktion auf etwas oder jemanden ertappst, unterbreche diesen Automatismus und handle bewusst anders als gewöhnlich.

- Übe radikale Akzeptanz gegenüber allem, was du nicht ändern kannst und radikalen Mut, alles was du zum Besseren wenden kannst, zu verändern.

- Übe dich in Dankbarkeit für alles noch so Selbstverständliche, was dir begegnet.

- Lege ab und zu mal einen Pippi-Langstrumpf-Tag ein. Denk dran: Mal dir die Welt, wie sie dir gefällt. Überschreite künstliche Grenzen, ohne persönlich übergriffig zu sein. Pippi schadet niemandem, sondern erfreut andere und ermutigt sie, auch mutig zu sein. Das kannst du auch!

- Erzähle dir und auch anderen von heute an eine neue *Geschichte*. Anstatt immer wieder die gleiche Leier hinunter zu beten, dass du eine miese Kindheit hattest, und dass dein Partner sich schlecht benommen hat, gib deinem Leben eine neue Wendung. Wenn du ab jetzt Menschen kennenlernst, berichte ihnen, wofür du dankbar bist, von deiner Vision und davon, was wir tun können, damit die Welt besser wird. Schaffe dadurch ein Resonanzfeld von Gleichgesinnten um dich herum. Lass uns mindestens 90 Prozent von der neuen Welt erzählen und höchstens 10 Prozent von der alten Welt, und das nur zur Aufklärung oder um beim Verstehen von Mechanismen zu helfen.

- Nimm dir des öfteren einmal ganz bewusst vor, anderen Menschen uneingeschränkte Aufmerksamkeit zu schenken. Bei nahestehenden Menschen sollte das leicht fallen. Also beginne bei ihnen. Halte den Blickkontakt, spüre dein Herz, umarme auch mal länger als eine Sekunde und lass das Rückenklopfen dabei weg. Im Gespräch höre hin, ohne deine eigenen Gedanken sich dazumischen zu lassen, ohne eine Reaktion oder Antwort geben zu wollen. Es läuft darauf hinaus, dich selbst und den anderen im Kontakt zu fühlen. Solcherlei Erfahrungen sind für mich die wundervollsten, die es gibt.

- Gehe konsequent in deine Selbstwirksamkeit. Initiiere Treffen, Netzwerke oder Aktionen. Veranstalte etwas, das dir Freude bereitet, um dich zu vernetzen, zum Beispiel einen Humus Event, einen Permakultur-Lehrgang oder eine Tanzparty.

- Übe Wertschätzung für andere und zeige sie. Wir wurden darauf konditioniert, uns gut zu fühlen, wenn andere Fehler begehen oder sich klein machen, damit wir uns groß fühlen können. Lass uns jetzt einander immer wieder an die größere Version unserer selbst erinnern. Sei nicht sparsam mit Lob und Anerkennung. Wenn jemand anderes im Lichte deiner Wertschätzung strahlt, erfüllt dich sein Charisma genauso.

Das Paradies ist kein Ort, zu dem wir aufbrechen. Es ist kein Ziel einer langen Reise, es ist ein allumfassender Seinszustand. Er ist zum Greifen nahe und gleichzeitig schon die ganze Zeit existent. Hier gibt es wirklich freie Energie – nicht nur physikalisch, um Technologie zu betreiben, sondern auch geistig, um geistige Felder zu erschaffen.

Die Menschen auf der Neuen Erde zapfen sich nicht gegenseitig ihre Energie an, indem sie aus einem Defizit heraus etwas vom anderen wollen. Sie geben aus ihrer inneren Fülle heraus, weil sie begriffen haben, dass Energie in Hülle und Fülle jederzeit zur Verfügung steht.

Als ich im Jahre 1993 das zweite Mal im Osho-Ashram in Indien war, fiel mir das Buch »Die Prophezeiungen von Celestine« in Originalsprache in die Hände. Ich habe es grade nochmals aus meinem Bücherregal geholt und gesehen, dass es sogar im selben Jahr erschienen war. Dennoch sah es damals schon irgendwie alt aus. Es wurde wohl zuvor von jemandem gelesen und musste dann irgendwo im Rauchertempel – ja richtig ... dort tummelte ich mich seinerzeit – liegen gelassen worden sein, sodass ich mich seiner annahm. Das Lesen war eine Offenbarung und ein Erinnern zugleich. Darin wird vorausgesagt, dass eine sogenannte kritische Masse an Menschen ein Bewusstsein von Energie erlangen wird, was zum Aufstieg der Erde führen kann. In dem gleichnamigen Film sieht man, dass die Menschen aus Lichtenergie bestehen und sich gegenseitig Energie geben, statt sie sich zu entziehen.

Interessant ist, dass dieser Film sowie viele andere kritische oder aufklärende Dokumentationen bei YouTube gelöscht wurden. Genauso wie alle meine digitalen Buch-Manuskripte von meinem PC gelöscht oder beschädigt wurden. Seitdem schreibe ich immer offline und versende meine Texte zur Sicherheit immer zwischendurch per Email. Übrigens wurden auch sämtliche Zeitdokumente und positiven Nachrichten aus Mediatheken von Mainstream-TV-Sendern oder privaten Kanälen gelöscht. Es gibt zum Glück Menschen, die diese Dokumente privat speichern und immer wieder der Öffentlichkeit zugänglich machen.

Mich wundern diese merkwürdigen Vorkommnisse nicht mehr. Zeigen sie doch, dass bestimmte Kräfte nun wirklich alles versuchen, um im letzten Moment doch noch das Licht zu löschen. Selbstverständlich wird ihnen das nicht gelingen. Wir dürfen uns davon nicht irritieren oder ablenken lassen. Erinnern wir uns, dass wir uns als Seele auf dieses faszinierende Spiel eingelassen haben. Wir wollen doch wohl keine Spielverderber sein, oder? Etwas Spaß darf sein. Du weißt ja: Am Ende wird doch alles gut. Und wenn es noch nicht gut ist, dann ist es noch nicht das Ende. Spielen wir es also bis zum Ende!

Jetzt kommt es auf jeden von uns an! Wofür entscheidest du dich? Wie willst du leben? Wenn du glaubst, Spiritualität zeige sich darin, zu meditieren, vegan zu leben oder Yoga zu praktizieren, dann muss ich dich dieser Illusion berauben. Diese und ähnliche Rituale sind äußere Formen, die hilfreich sein können, doch worauf es wirklich ankommt, ist dein klarer Geist. Deine unumstößliche Absicht, wach zu werden, und falls du wieder einschläfst, dich aufzuwecken oder von jemand anderem wachrütteln zu lassen.

Ich sehe noch viele Schlafwandler, die glauben, wer weiß wie spirituell zu sein. Das kann ein echter Hinderungsgrund sein für das echte Aufwachen, weil man sich in Sicherheit wiegt. Lass uns hier genau hinsehen! Alles, was wir wahrnehmen, hängt von der Schwingung unseres Bewusstseins ab. Je nachdem, wie wir schwingen, nehmen wir die Welt in der entsprechenden Dimension wahr. Die Erdenseele schwingt laut Robin Kaiser in der fünften Dimension, genauso wie die meisten Seelen der Menschen. Die größte Aufgabe des Menschen liegt derzeit darin, dass wir unsere Seele auf Erden verkörpern, also uns unserer Seele voll bewusst werden und sie ganz auf die Erde bringen.

Das geschieht durch unser Sein und durch unser Tun. Erst dann kann die Erdenseele ganz in die physische Erde hineinfließen. Genau darin besteht der Aufstiegsprozess, von dem alle reden.

Lass uns also mit unserem Herzen in die Verbindung mit dem Seelenwesen der Erde gehen. Zurzeit kommen gigantische Erkenntnisse in unser Bewusstseinsfeld. Wir erkennen beispielsweise, dass der Mensch als geistiger Schöpfer älter ist als der physische Aspekt des Planeten Erde. Das heißt, wir haben uns diese Existenz hier selbst erschaffen. Erinnere dich daran, was am Anfang des Buches über Gott gesagt wurde. In Wahrheit sind wir selbst die Schöpfer, die Schöpfung und die Geschöpfe zugleich. Denn im Einheitsbewusstsein kann es keine Trennung geben.

Der Mensch hat sich nicht vom Affen aus weiterentwickelt. Das wird uns gesagt, damit wir uns klein fühlen, damit wir einen Käfig um uns herum errichten. Also lass uns jetzt endlich aufhören, uns zum Affen zu machen! Wie lange wollen wir noch warten, uns als Schöpfer unserer Wirklichkeit zu unserer wahren Größe emporzuschwingen? Die religiöse Konditionierung versuchte, uns unten zu halten. Die Visionäre, die uns Menschen daran erinnern, dass wir göttlich sind, werden „überheblich" genannt. Das hat aber mit Überheblichkeit nichts zu tun, weil alle Menschen in dieser Vision ihr Potenzial voll entfalten können und darin strahlen dürfen. Keiner stellt sich über den anderen, weil das gar nicht nötig ist.

Freunde dich, auch wenn es noch schwerfällt, mit den Gedanken an, dass der Mensch im Ursprungsbewusstsein der Initiator des physischen Universums ist. Das ist mit dem Götterfunken gemeint. Der ursprüngliche Mensch gab die Initialzündung in das irdische Sein. Auch wenn man heutzutage nicht mehr viel davon merkt, so liegt dieses Potenzial in unserer seelischen Signatur. Erinnere dich nun wieder daran!

Als Schöpfer haben wir uns selbstverständlich auch den freien Willen darüber gegeben, wie wir die Wirklichkeit wahrnehmen. Deshalb liegt es ab jetzt bei dir, auf welche Schwingungsebene du dich bewusst begibst. Wir Seelenmenschen begegnen uns auf einer höheren Schwingungsebene. Wir sind viele und werden immer mehr!

Wir bilden eine Art Parallelgesellschaft unter'm Radar. Wir werden einfach nicht mehr bemerkt. Man wird denken, wir seien verschwunden, denn die Bewohner der einen Dimension werden für die anderen unsichtbar werden. Dann laden wir zum Festmahl im goldenen Saal. Wenn wir als wundervolle Gestalter der Neuen Erde an einer Tafelrunde sitzen, macht das Schöpfungsspiel doch auch viel mehr Freude. Also auf bald! Wir sehen uns!

# Aufruf zum Miteinander

Meine Vision für eine lebenswerte Welt besteht konkret darin, dass jeder Mensch, der sich gerufen fühlt, sich nun aufmacht. Sich aufzumachen, bedeutet einerseits, sich zu öffnen für die eigene Heilung und Klärung, und anderseits sich auf den Weg zu machen, um Verbündete zu finden.

Suche dir eine Gemeinschaft von Gleichgesinnten oder vernetze dich regional. Ich gebe dir auf den nächsten Seiten einige Empfehlungen zum stöbern.

Zudem bin ich voller Hingabe dabei, ein Netzwerk aus Wandlungsgestaltern aufzubauen. Wenn du daran teilnehmen und mitgestalten möchtest, so freue ich mich über deine Kontaktaufnahme. Informationen darüber findest du auf Seite 184.

Ich danke dir aus tiefem Herzen für deine Aufmerksamkeit. Sie ist das größte Geschenk, das du mir machen kannst.

In Verbundenheit,

*Birgit Schachner*

# Und ich danke...

...meinem Verleger Jan van Helsing, der an dieses Buch glaubt. Als ich mit 23 sein erstes Buch las, hätte ich nie zu träumen gewagt, dass wir 29 Jahre später *Kollegen* werden würden.

...allen Seelengeschwistern und irdischen Arsch-Engeln, ohne die es hier auf Planet Erde nicht auch nur halb so amüsant wäre.

...allen wundervollen Menschen, die ich noch kennen lernen werde, und die mir dabei helfen, ein Paradies auf Erden zu erschaffen.

# Verweise aus dem Buch und Empfehlungen
Aktuelle Empfehlungen, nach bestem Wissen und Gewissen

## Bücher

### Spiritualität & Neues Bewusstsein

- »Anastasia (Band 1-10)« – Wladimir Megre
- »Archetypen der Seele« – Varda Hasselmann u. Frank Schmolke
- »Christina« (und alle anderen) – Christina von Dreien
- »Das Totenbuch der Tibeter« – F. Fremantle, C. Trungpa
- »Die Kinder von dem Gesetz des Einem« – John Peniel
- »Die Prophezeiungen von Celestine« – James Redfield
- »Die Wolfsfrau« – Clarissa Pinkola Estés
- »Eine Neue Erde« (vom Autor selbst gesprochenes Hörbuch) – Eckart Tolle
- »Exit Matrix Texte« (sowie alle anderen) – Robin Kaiser
- »Kybalion« – William Walker Atkinson
- »Seelen auf Safari« – Seàn Ólaoire
- »Seelenverträge, Absprachen in Liebe« – Leila Eleisa Aiach
- »Vegane Trenn-Rohkost« – Ann-Kristin und Martin Schablowsky
- »Heilung für die Erde« – Llewellyn Vaughan-Lee

### Religiöser, psychologischer & geschichtlicher Kontext

- »Der Jesaja Effekt« – Gregg Braden
- »Die Einweihung« – Elisabeth Haich
- »Die geheimen Lehren des Abendlandes« – Maria Szepes
- »Die Lebensprinzipien« (u.a.) – Dr. Rüdiger Dahlke
- »Die Welt ist Klang«, Nada Brahma – Joachim Ernst Berend
- »Handbuch für Götter« (und alle anderen) – Jan van Helsing
- »Im Lande Kal, Der Weg der Essener« – Daniel und Anne Meuroi-Givaudan

- »Wenn der Himmel die Erde berührt« – Eugen Drewermann
- »Zerbrochen und doch ganz« – Saki Santorelli

## Gechannelte Botschaften

- »Das Manuskript der Magdalena« – Tom Kenyon & Judi Sion
- »Gespräche mit Seth« – Jane Roberts
- »Kryon« – Lee Caroll
- »Lichtbotschaften vom Sirius« – Patricia Cori
- »Perle des Herzens« – Dein göttlicher Kern – Maria Magdalena durch T. Matthöfer
- »Plejaden, Boten des Neuen Morgens« – Barbara Marciniak

## Romane

- »Das Herzenhören« – Jan-Philipp Sendker
- »Der Alchemist« – Paulo Coelho
- »Die vierzig Geheimnisse der Liebe« – Elif Shafak
- »DUNE Der Wüstenplanet« – Frank Herbert

## Außerirdisches & Innerirdisches

- »Alien Interview« (Hörbuch) – Lawrence Spencer
- »Masters of Limitation, An ET´s Observations of Earth« – Darryl Anka
- »Thalus von Athos« – Alf und Christa Jasinski
- »Time Bender« – Tijn Touber

## Aufklärung & Investigativ-Journalismus

- »Make that Change, Die Wahrheit ü. Michael Jackson« – Armin Risi & S. Pade
- »Wenn das die Menschheit wüsste« (u.a.) – Daniel Prinz

# YouTube & Telegram-Kanäle

## Aufklärung & Wahrheitsbewegung

- DieUnbestechlichen.com (unzensierte Nachrichten)
- alexanders Tagesenergie
- avmediapool
- Bewusst.TV (Jo Conrad)
- Daniele Ganser (Friedensforscher)
- extremnews
- Gaia.TV deutsch
- Matrixwissen
- Neue Horizonte (Götz Wittneben)
- The Deframing Channel (die einzige anarchistische Alternative)
- Tom MonTalk (Hintergrundwissen über die Matrix Kontrolle)
- WandlungsGestalter der Neuen Erde (mein Telegram Kanal)
- Welt im Wandel.TV

## Spiritualität

- AwakenWithJP (Spiritual Comedy)
- Bahar Yilmaz (Mediale Mentorin)
- Cassandra 13 (spirituelle Visionärin & Geheimwissen)
- Christina von Dreien (erweitertes Bewusstsein)
- Kurt Tepperwein Akademie
- Lazarus Initiative
- Medium Birgit Fischer
- Robin Kaiser (YouTube) Eine Neue Erde (Telegram)
- Silke Schaefer Astrologie
- THEKI Akademie
- Timo G. Pflanzenheilkunde (Timo Grätsch)

## Wissenschaft & Geschichte

- Dieter Broers Now
- Geisteswissenschaft.TV (Axel Burkart – Mysterium Mensch, Geist u. Materie)
- Peter Freiherr von Liechtenstein (Wahrheitsforscher)
- DieZuversicht (Aufklärung über Geschichtsfälschung)

## Kultur, Kunst & Musik

- Estas Tonne (Gitarrenmusik)
- iAwake Technologies (Klang und Musik)
- Jonna Jinton (Aussteigerin & Künstlerin in Schweden)
- Lisa Gerrard (Solo & Sängerin von Dead Can Dance)
- Mystical Vibes (Weltmusik)

# Web-Seiten

## Aufklärung & Wahrheitsbewegung

- DieUnbestechlichen.com (unzensierte Nachrichten) www.dieunbestechlichen.com
- Perception Gates (www.perception-gates.home.blog)
- William Toel (Fürsprecher der Deutschen; www.williamtoel.de)

## Spiritualität

- Allmachtsenergie Spiritualität & Wissenschaft (www.allmachtsenergie.de)
- Kraftorte, Leylines (www.gaia-vermaechtnis.ch)
- Schöpferwelt Coach Michael Bohne (www.schoepfer-welt.de)
- Thai Yoga Körperarbeit Tobias Frank (www.thaiyoga.de)
- Zeitschrift für Wissenschaft, Philosophie u. Spiritualität (www.tattva.de)

## Kultur & Musik

- Feu Dias Handpan (www.feudias.com)
- Joe Löhrmann spielt Piano überall & draußen (www.mytravelingpiano.com)
- Kunst, Bodypainting, Göttinnen Peter Engelhardt (www.atelier333.de)
- Seom Musik, Seminare, Podcast, Akademie (www.seommusic.de)
- Wotan Klangkünstler (www.wotan-music.com)

## Erzeugnisse

- Gesundheitsprodukte (www.schoepferinsel.com)
- Kompost-Klo, Trockentoilette (www.nowato.com/streutoiletten)
- Kräuterelexiere (www.betterforme.at)
- Natur Harmonie Station (www.nhsharmonie.de)
- Osiris CBD bzw. Cannabis Produkte (www.osiris.ch)

## Filme

- »THRIVE 1&2« (Film über geschichtliche und wissenschaftliche Hintergründe)
- »We rise up« (Film über den Wandel, 2021)
- »Die Prophezeiungen von Celestine« – James Redfield

# Projekte und Gemeinschaften

- Agni Hotra (www.homa-hof-heiligenberg.de)
- ASHA Alchemy School of Healing Arts Ökodorf Toskana (www.asha.global)
- Biene Mensch Natur Vereinsgemeinschaft (www.mellifera.de)
- Das Manifest der Neuen Erde / Living Earth
- Damanhur Vereinigung von Gemeinschaften (https://damanhur.org)
- Dating für aufgewachte u. bewusste Menschen (www.conscious-love.com)
- Familienlandsitz in Ungarn (www.edle-erde.org)
- Freilernen Ricardo Leppe (www.wissenschaftfreiheit.com)
- Friedenshof Gemeinschaft (www.friedenshof.org)
- Gaia Tauschring (statt Euro) (https://payingaia.jimdofree.com)
- Gesunde Erde Zschepplin (www.dggv.de/geotope/projekt-gesunde-erde-zschcpplin)
- Gesunder Boden Franz Rösl (www.ig-gesunder-boden.de)
- Schloss Glarisegg Gemeinschaft (https://schloss-glarisegg.ch)
- Ideen Plattform – Räume für Entwicklung (www.ideenhochdrei.org/de)
- Impffrei arbeiten Die alternative Jobbörse (www.impffrei.work)
- Mensch sein – Mensch bleiben Sardinien (www.ilumina-circle.com)
- Netzwerk & News Schweiz (https://gemeinschaften.ch)
- Oliven & Öl Handarbeit, Rohkostqualität (www.olivenonkel.de)
- Positives ist machbar – Lebensfördernde Projekte (https://positives-ist-machbar.de)
- Pilgerweg Community (www.pilger-weg.de)
- Schetinin-Methode, Bildung der neuen Zeit (www.iska-akademie.de)
- Siebenlinden Ökodorf (www.siebenlinden.org)

- Tamera Zentrum f. Friedensforschung und -ausbildung Portugal (www.tamera.org/de)
- Time of the Sixth Sun Movie (www.timeofthesixthsun.com)
- Transmission School Gemeinschaft Toskana (www.thetransmissionschool.org)
- Work Away – Leben und Arbeiten i. Gemeinschaften weltweit (www.workaway.info)

# Über die Autorin

Sie landet an Weihnachten im Jahre 1970 wieder einmal auf Planet Erde, im schönen Düsseldorf, verbringt ihre Kindheit und Jugend in Oldenburg, studiert in Würzburg und wohnt seit Mitte der 1990er im Großraum Köln-Bonn. In ihren Zwanzigern bereist sie Indien sieben Mal und taucht dort in die spirituellen Dimensionen des Menschseins ein. Dort lernt sie auch Meditation, Seelen- und Körperarbeit, sowie verschiedene Heilkünste.

Als Mentorin, Beraterin und Seminarleiterin begleitet sie die Menschen sowohl in Bezug auf ihre eigene Entwicklung als auch innerhalb unserer Gesellschaft. Was sie dabei stets antreibt, ist herauszufinden, was positive und vor allem nachhaltige Veränderung bewirkt. Als moderne Mystikerin widmet sie ihre besondere Aufmerksamkeit dem Aufstieg der erwachenden Menschheitsfamilie in ein höheres Bewusstsein. Ihre intensive Transformationsarbeit mit Menschen, die stete Weiterentwicklung durch Trainings- und Seminarbesuche als auch die Erkundung von Kraftorten fließt in ihre Expertise als Autorin mit ein.

# Meine Schöpfungen

**Bücher – zu bestellen per Email an kontakt@coaching-pyramide.de:**
»2020 Das Aufwach Jahr«
»Die Alchemie der Seelennahrung«

**Verein:**
Hüter des Heiligen Raumes (www.hueter-des-heiligen-raumes.org)

**Telegram Kanal:**
WandlungsGestalter der Neuen Erde

**Website:**
www.coaching-pyramide.de

**Podcast:**
Seelengefaehrtin

# Literatur- und Quellenverzeichnis

(1) »Totenbuch der Tibeter« – F. Fremantle, C. Trungpa (2008)
(2) www.williamtoel.de
(3) Axel Burkart (https://akademie-zukunft-mensch.com)
(4) www.christinavondreien.ch
(5) Natur-Harmonie-Station (www.nhsharmonie.de)
(6) Effektive Mikroorganismen www.dr-zschocke.de/buecher.htm
(7) www.youtube.com/@tincup6/about
(8) Ann-Kristin Schablowsky (www.ann-kristinschablowsky.de)
(9) www.hueter-des-heiligen-raumes.org
(10) „Mario Prass – Spieglein Spieglein an der Wand…"
     www.youtube.com/watch?v=dim_kl8QDr8&t=10812s
(11) Ricardo Leppe (www.wissenschaftfreiheit.com)
(12) »Die verlorenen Techniken« – Henry Kjellson (1961)
(13) https://de.wikipedia.org/wiki/Lisa_Gerrard
(14) www.iska-akademie.de

# Bildquellen

(1) https://pixabay.com/de/photos/ayutthaya-buddha-buddhismus-1536734/
(2) https://pixabay.com/de/photos/gehirnwäsche-programm-maske-5038521/
(3) https://pixabay.com/de/vectors/psychische-gesundheit-kopf-wirbel-4801544/
(4) https://pixabay.com/de/vectors/rosarium-philosophorum-illuminatio-2346926/
(5) https://pixabay.com/de/photos/buchcover-portrait-frau-kopf-3801374/
(6) www.daltramontoallalba.it
(7) www.coralcastle.com
(8) https://pixabay.com/de/vectors/letzte-abendmahl-jesus-4997322/
(9) https://pixabay.com/de/photos/planet-erde-menschen-schwarz-weiß-3403606/
(10) https://pixabay.com/de/photos/engel-flügel-feder-himmel-1184180/

Autorenfoto: Simin Kianmehr Fotographie

## ISS RICHTIG ODER STIRB

### Vera Wagner

Von der Wiege bis zum Pflegebett, von der Babymilch bis zum Menü im Heim: Big Food konditioniert unseren Geschmack. Macht uns krank mit Zucker, Salz und Fett. Vergiftet uns mit toxischen Zusätzen und in High-Tech-Laboren zusammengebrauten Aromen. Und bringt damit viele Menschen ins Grab. Die Nahrung ist für die meisten Todesopfer weltweit verantwortlich, sagt die WHO – und kollaboriert hinter den Kulissen mit den Food-Konzernen. Diejenigen, die Ernährung kontrollieren müssten, haben die Kontrolle abgegeben. Früher wäre es strafbar gewesen, Erdbeergeschmack aus Sägespänen herzustellen. Heute ist es legal.

Die Zeit des Umbruchs ist gekommen, auch beim Thema Ernährung. Ernährungswissenschaftler fordern: Der Grad der industriellen Verarbeitung sollte auf Produkten angegeben werden. Doch wie lange wird es dauern, bis das umgesetzt ist? Sie haben nur eine Chance: Sie müssen die Sache selbst in die Hand nehmen!

ISBN 978-3-938656-57-3 • 24,00 Euro

## HANDBUCH FÜR GÖTTER

### Jan van Helsing

*Egal, was die Illuminaten vorhaben, was ist DEIN Plan?*

In diesem Buch spricht Jan van Helsing, der bereits im August 2019 über den Corona-Plan informiert war, mit Johannes, einem Hellsichtigen, der sozusagen einen guten „Draht nach oben" hat. Beide gehen der Frage nach, wieso die Mächtigen dieser Welt – die Illuminaten –, die hinter all diesen Szenarien stecken, eine solche Angst haben, dass ihre Machenschaften auffliegen, dass sie deswegen Videos, Bücher sowie Menschen auf dem gesamten Globus zensieren. Wovor haben sie Angst? Die Illuminaten kennen ein Geheimnis, das sie ganz schnell ihrer eigenen Macht berauben würde – hätten die Menschen Kenntnis davon. Es ist etwas, das in jedem von uns verborgen ist, weshalb man uns durch eine gigantische Ablenkungsindustrie davon abhält, uns auf die Suche nach diesem Geheimnis zu machen. Das „Handbuch für Götter" zeigt Möglichkeiten auf, wie jeder Einzelne diese Kraft entdecken und im täglichen Leben zum Einsatz bringen kann.

ISBN 978-3-938656-64-8 • 21,00 Euro

# CORONA – DER GROSSE INTELLIGENZTEST

## Valentino Bonsanto

SIND WIR ALLE VERRÜCKT GEWORDEN? Alles begann im Winter 2019/20 mit einem völlig „neuartigen" Virus. Die Welt, wie wir sie kannten, war mit einem Schlag auf den Kopf gestellt. Die Menschheit befand sich in kürzester Zeit in einer Pandemie, die so schrecklich eingestuft wurde, dass sie Millionen von Menschen ins Grab bringen sollte. Doch entspricht das wirklich der Wahrheit? Ist das Virus tatsächlich so tödlich, oder könnte es sein, dass all die Veränderungen schon viel früher begannen, von uns unbemerkt und von einer „Elite" von langer Hand geplant? Valentino Bonsanto hat in den tiefsten Tiefen gegraben, recherchiert und Informationen zusammengetragen, die selbst ihn an manchen Tagen an ein Limit brachten. Direkt und mit einer ordentlichen Prise Sarkasmus spricht er in diesem Buch Klartext: „Wenn wir heute nicht für unsere Freiheit einstehen, dann werden wir und die nächsten Generationen für lange Zeit keine mehr haben. Es wird kein Morgen mehr geben, so wie wir es uns wünschen und wie wir es einst geliebt haben, denn sie werden versuchen, uns alles zu nehmen." Es ist höchste Zeit, die Augen mutig zu öffnen und der Wahrheit ins Gesicht zu schauen. Denn es liegt an uns – den Menschen, dem Volk, den Bürgern –, wie unsere zukünftige Welt aussehen wird.

ISBN 978-3-938656-78-5 • 21,00 Euro

# UFOS UND DAS GEHEIMNIS DER INNEREN ERDE

## Jason Mason

Seit den 1940er-Jahren versuchen Forscher hinter das Geheimnis der mysteriösen Flugscheiben zu kommen. Fakt ist, dass sie schon seit dem Beginn der aufgezeichneten Menschheitsgeschichte einen beinahe unsichtbaren Einfluss auf unsere Zivilisation ausüben. Besonders die Verbindung des Deutschen Reichs und einer deutschen Absetzbewegung, die ein geheimes Weltraumprogramm erschaffen hat, hängt womöglich mit antikem Wissen außerirdischer Besucher zusammen. Gab es vor Kriegsende direkten Kontakt mit Wesen, die in altertümlichen Aufzeichnungen samt ihren Artefakten als „Götter der Vorzeit" Erwähnung finden? Neue Hinweise aus den USA sowie aus Russland zeigen nun, dass ein Teil der UFOs gar nicht außerirdisch ist, sondern aus dem Inneren unseres Planeten stammt. Nicht nur Außerirdische haben seit Jahrtausenden riesige Stützpunkte in der Erdkruste und auf dem Grund der Ozeane errichtet, es gibt auch antike Hochzivilisationen, die sich vor Katastrophen unter der Erdoberfläche und in großen Gebirgen in Sicherheit brachten und dort immer noch existieren.

ISBN 978-3-98562-004-3 • 26,00 Euro

## ES IST KRIEG

### Michael Morris

*Die Superreichen gegen den Rest der Welt!*

Wir befinden uns in jener Zeit, die künftig vielleicht als die End-schlacht um das Überleben der Menschheit in die Geschichtsbücher eingehen wird, und der Ausgang dieses Krieges ist ungewiss. • Die vermeintliche „Corona-Impfung" zerstört das Immunsystem der Geimpften und führt dazu, dass jeder Betroffene an seiner ganz individuellen Schwachstelle erkrankt oder daran verstirbt. • Im Rahmen der Corona-Inszenierung sollen wir Menschen auf eine digitale Identität (QR-Code) reduziert werden, um uns uneingeschränkt kontrollieren zu können (Social Ranking System). • Die Lüge vom menschengemachten Klimawandel dient dem Zweck, die Bevölkerung in Angst zu halten und immer neue Steuern zu erheben und Verbote auszuspre-chen.    All diese Themen sind eng miteinander verflochten und verfolgen dasselbe Ziel: den klassischen Menschen abzuschaffen und durch einen digital gesteuerten Sklaven zu ersetzen. Wissen ist Macht. Vorbereitung ist essentiell. Widerstand ist unsere letzte Hoffnung!

ISBN 978-3-938656-96-9 • 24,00 Euro

## LÜGENMÄULER

### Renato Stiefenhofer

*Es wird Zeit, die Mäuler zu stopfen!*

Der Schweizer Jumbo-Kapitän Renato Stiefenhofer fliegt seit Jahr-zehnten überwiegend für asiatische Airlines. Als ehemaliger Airforce-One-Pilot der Vereinigten Arabischen Emirate und Privatjet-Chauffeur für europäische Milliardäre tanzt er auf verschiedenen Hochzeiten und auf verschiedenen Kontinenten. Die ihm anvertraute Informationsviel-falt – vom Scheich Sultan über David Beckham bis hin zum UNO-Generalsekretär – versucht er in diesem Buch einzuordnen.

Im Laufe der Zeit erkannte er, dass es mindestens zwei Parallelwelten geben muss: Die eine kennen wir alle, die andere ist ein sehr gefährliches Pflaster. Spätestens seit einem intensiven, privaten Gespräch mit einem US-Vier-Sterne-General in der First Class weiß er: Die brutale Rea-lität und die Meinung, welche durch die tendenziöse Berichterstattung unserer Mainstream-Medien verbreitet wird, klaffen weit auseinander. Der US-General stellte in Frage, ob 9/11 so passiert ist, wie es uns die Geschichtsbücher und die Politik vorbeten. Dieses Gespräch wurde zum Beginn einer Odyssee, die Captain Stiefenhofer ein gigantisches Lügengebilde von Politik und Presse offenbarte.

ISBN 978-3-938656-68-6 • 21,00 Euro